圖解台灣

老行業與職人魂

莊文松、林珊◎著
黃名毅◎攝影

晨星出版

推薦序

高手在民間

終於得見這本書出版，心頭滿是激動，一張張老職人照片躍然紙上，彷彿看見了時代的精神，生命的光影。

或許是因為台灣正面臨經濟轉型，某些反璞歸真的創業性格，重新又開始在人民意志裡流轉著，近幾年經常在報章媒體上看著所謂各行各業的「職人」或「職人精神」，我們必須真正理解，此一詞語，究竟是一個外來語，講述的是透過自己熟練的技術與雙手，打造作品／產品／商品的行當。

於是我們應該這麼說：當個職人，堅持與努力，非常重要。

這本書裡，真金不怕火煉，至今仍在桃園八德，大隱隱於市的徐聰明板金師傅就是一個好例子。他自述跟從日本人的職人精神當一名學徒，師傅白天就要求學徒整理好晚上使用的實習工具，晚上才開始真正的教學，他也苦口婆心的勸說：活化老產業，一定要有恆心，不能半途而廢，如此真實懇切的說話樣貌，就這麼輕描淡寫又鏗鏘有力的帶出他的擔憂。

我們也必須理解：當個職人，變通與延續，非常重要。

台中的陳彫刻處由第二代接手，他們告訴自己不勉強要學會，但要學習並且接受生活型態的改變，陳文才師傅改以享受的方式雕刻木工，特殊匾額製作、廢棄匾額改造家具，每一次的接案都是一次挑戰，在變化多端的雕刻世界，也找到了自己喜歡的緩步生活。台南的華谷理容院更是一個轉型成功的好例子，是第一個將理容院打造成休息空間，可提供旅人一處歇息之處，重點是把老派紳士的浪漫精神，灌注於行業之中。

一定強調的是，當個職人，手藝與巧手功夫，非常重要。

北港朝天宮旁，五代傳承的森興燈籠店由林聰賢師傅繼承後，開始承接大量的業務，完全沒有基礎，也不具備繪畫能力的他，將精神完全投入創作，一路摸索、跌撞，好不容易闖出成績，今日朝天宮內的紙燈籠與布燈籠，都出自林聰賢手筆。

所以我們該如何認識這本書呢？建議是帶上這本書，走去親自跟職人們打招呼，坐下來想想，一樣是雙手雙腳去工作充實自我，職人們用心靈與精神在物件背後犧牲奉獻，才成就民間文化的多元樣貌，也同步展現了台灣人民的生活風格。

新手書店主人、友善書業理事主席

鄭宇庭 *2019.03.08*

自序一

台灣街頭巷尾的鍊金術師

台灣與其他國家相較，儘管土地不大，肥沃的土壤卻孕育諸多形色的職人與行業，如斯精采；他們傳承著上一代或更久遠的記憶與技藝，發展出各自的人生史詩，篇篇令人撼動。

說起老職人和行業，交通不便的昔時，常看見到府收購雞毛、兔毛等五花八門的商人，以及小販滿載日用雜貨的拼裝車，還有用武車載著鮮魚四處兜售的魚販等。而如果另說起職人，印象最為深刻的當然是那個賣豆腐的人。他住在隔壁城鄉，每天早上天未全亮，不管晴雨的清晨時分，他的聲音便清亮拉長的響在屋外：賣豆腐喔……。時至今日，我還沒吃過比他手做更可口的豆腐，綿密而嫩滑。許多年後，讀到日本導演小津安二郎的《我是賣豆腐的，所以我只做豆腐》這本書，雖然內容講的是拍電影的專業，但如果套在童年那個賣豆腐的人身上，也說得過去；不同的是，他是一個做豆腐也賣豆腐的人。

當然王樂仔仙，也是一個賣膏藥的有趣老行業。他們像流浪的藝人，常在村子廟口擺攤耍雜技、賣膏藥。當然，在資訊不發達、教育不普及的年代，這種行業售出的藥品實在讓人堪憂，但他們流利便給的三寸不爛之舌，卻著實令人佩服。還有一項令人難忘的行業，就是幫母豬配種的「牽豬哥」。從前隔壁同學家養的母豬，為了生養基因好的小豬，會請一位駕駛拼裝車，載著一頭渾身滿布豬屎味公豬的人，來幫母豬配種。牽豬哥的人，穿雨鞋、持藤條的形象鮮明，我們總看著他在豬舍外的空地驅趕著公豬。時移事往，現在養豬業的技術精進，牽豬哥的職業早已跟隨農村時代的沒落，被埋在時代的洪流裡了。

《男的民俗學》書中談到：「我深受他們的勞動方式、生活習慣，以及市井工匠所承繼的傳統文化吸引。……，以及庶民各式日常工具的精細功能和獨特創意中所蘊藏的職人風骨及高超手藝，都可以見到深植於風土民情的共通文化穿流期間。」這些語言談的就是市井風情。

文明發展的長河何其悠遠，我們何其有幸，能夠留守住這些前人的遺物並享受。從食衣住行等日常器具與食物裡，在在承襲著老祖宗的智慧與巧思，而且其創造歷程總帶著歲月的氣味，我們在咀嚼、品味、摩娑後，總識得出歷史沉澱的濃厚色澤。像被蒙塵的寶物，它們一經勘掘，再也無法阻擋身上散發的光。

此回走訪十數職人、行業，除了令人訝然，他們大多隱身在街頭巷尾內與偏遠的他鄉僻壤外，更讓人驚艷的是，原來台灣還有如此多元而豐富的老行業存在著。此行，我看見：鶯歌的老師傅仍耐著高溫，從早到晚守著鍋灶，堅持以手工產製豆皮；在三重的巷衖內，還有中生代師傅固守著已逝師傅教授的、曾經代表一個時代的絢燦及都會繁榮標誌的霓虹燈管；將工作室搭築在嘉義溪口鄉鄉野間的布袋戲佈景彩繪師傅，在繽紛的油彩背後，原來他曾經走過那麼艱辛的長路；如果不是因為要尋找鼓而踏上彰化線西鄉，大概永遠不瞭解製造一面鼓，製鼓師傅原來必須耗費那麼大的工夫；居住桃園八德市的板金師傅，從戰後初期在台北城開始他的汽車板金生涯，直到今日，他仍精神奕奕地傳承著板金拿手絕活……。

他們付諸青春奉獻給鍾愛的職業，精益求精，再多的苦都吞入腹肚，用淚與汗博取今日的成就。他們沉默地堅守崗位，每個老職人與行業不言自明，他們用精湛手藝教會我們，要懂得珍惜與保護猶如風中之燭的手工傳統價值。

在此，感謝熱情援引職人與行業的朋友們，讓我得以更深入認識我們生長的土地，驚喜民間生命力如此生猛沛然。更感謝這些老行業職人，守護延續台灣的傳統歷史。他們是鍊金術師，他們更像是預言師，預言著未來的我們將回歸簡樸的生活。

莊文松　*2019.01.18*

自序二

期待未來的老時代

我是一個怕「老」的人。

從詞說起，大概是「老」鼠、「老」虎、「老」師、「老」闆，到小「老」百姓……等此類開頭事物。這些詞雖沒有緊密的共同意義，且也非同類詞語，或許是中文語彙喜歡給任何事物稱「老」，顯得親切還減少距離感吧。

若要說最怕的「老」，還是「老」人了。怕老人不代表不尊敬老人、討厭老人，有時太過尊敬，以致無法好好相處和對話。我的老人緣一向都非常不好，生命中缺少與老人的互動，人說「家有一老，如有一寶」，這段俗諺之於我的人生，像是遙不可及的空話，未曾感受過這如有一寶的經驗。

喜歡新的事物、新的科技、新的任何一切，而「老」這個字在「新」面前馬上就狼狽不堪。這幾年世界變化太快了，大三在烏鎮西柵景區橋上，看到年邁的婆婆坐在小橋邊，流水在陽光下閃爍，拐杖斜倚在橋邊，婆婆低著頭滑著智慧型手機時，整個世界彷彿永生的場景。那天之後，每每注意到老人滑手機的畫面，新老之爭便浮上內心，到底什麼算老？什麼算新？尤其在媽媽的手機裡發現最新款、最潮的 APP，自己卻因為過忙連下載都還沒有之時。

時代隨時都會把你拋在後頭。

那天看早場電影@上海國泰大戲院，二十世紀初風華絕代的電影院。約七點左右電影開播，整場只有我們是低於二十五歲以下的「新人」，其他人則目測五十左右。朋友說上海有政策，老人家看晨間電影免費或較便宜，住附近的老上海早起看場電影再回家，平常可能我們才剛醒。世界就這樣被一分為二：老人的世界／新人的世界。

十年過後，現在有什麼產業會變成「老行業」呢？有句老笑話「世界上折舊率最高的新娘，隔天就變老婆了。」產業的變遷就像新娘變成老婆的時間，如此短暫。滿是老人的郵局可能有天就在你我住家間消失，而轉型的老行業就像那天在橋邊滑手機的婆婆，與時代共進退。採訪書內文章的時候正值大學期間，如今也已二十五歲半衰初老期，當嫌棄自己聽不了新歌，將把自己推入歷史時，有位九十歲的月光仙子正用行動對我說：「孩子你還年輕，我才剛開始經營 instagram 而已。」

有些東西會逝去，有些東西會留下。我們處的時代，對我來說是最親切的時代，新老在此交匯。千年後博物館展出一台台 iPhone，我想我會愛上那未來的時代。

林珊 *2019.01.15*

自序三

回到本質——堅持及傳承

歷經人生低谷，返鄉歸零開始，農村變成我的世界，曾看不起農民的我，沒想到自己也變成農村的一份子，與家人相處的幾年，讓我個性也逐漸沉澱，放下成見，這幾年腳踏實地的與人接觸與體驗，了解身邊每個人對生活的堅持、付出，著實讓我感動，為了讓更多人能看見台灣農村的活力及不同的美，我持續幾年紀錄並收集讓我感動的人、事、物，分享給大家。

經過這些年拍攝人物及產業紀錄的經驗，傳統技藝產業及師傅們專注的神采，一直是我拍攝題材的主軸及關注的焦點，時代演進、科技進步，這些擁有數十年資歷的老師傅，卻仍始終堅持初心。也希望透過我的視角及鏡頭，分享如此美好的台灣精神之傳承；更企盼透過攝影紀錄，能將畫面永流傳，隨著時光的流轉，淬鍊成經典。

黃名毅

2019.01.25

目次

導言

職人哪裡來，何處去？

民俗學者林承緯曾就「職人」一詞提出概述：「『職人（しょくにん）』的用詞與概念來自日本，專指傳承守護著代代相傳的傳統技藝，並透過雙手製造出良品的生產者。職人對於製作有很高的堅持，……亦可稱為『匠（たくみ）』。如此的概念等同於中文的巧匠、工藝家，也就是英文的craftsman。」

換言之，所謂職人或匠，世界各地皆同。人們生存在物質簡單的年代，反而更能專注發展一種純熟的工藝而謀生，這項技藝分布在百工行業中，進而成就當代日常中便利的生活，食、衣、住、行、育、樂，都可窺見物質高度發展的脈絡。當我們回頭去審視每個或延續或凋零的手工行業時，通常發出最大困窘的聲音便是：苦無學徒。也許日本「秋山木工集團負責人」秋山利輝的匠人精神，足供參考。他說：「為了把年輕學徒培養成一流家具工匠，秋山木工制定了一套長達八年的獨特人才培養制度。」在這套制度裡，學徒在八年裡必須學習：培養正確的生活態度、基本訓練、工作規劃、知識和技術等，等到第九年開始獨立打拚。他相信一流的匠人，人品比技術更重要。而不藏私，對於一個傳統產業的百年大計，也是極為重要的培育態度。

台灣學者莊伯和考究台灣工藝的論述中提及：「所謂工藝、工業，即指手工藝（Handicrafts）、手工業（……《最新林語堂漢英辭典》作 handicraft industry，所以本文所述手工藝、手工業作同義解釋。）甚至現在所說的手工藝相當於古代的工業。」他扼要定義了「手工業」這個名詞。手工藝於古代，等於是沒有機械輔助的工業時代，甚是動人。「手工作業也可以說是心之作業，沒有比手更加神祕的機器。為什麼對於一個國家來說手的工作非常重要，大家都有必要思索。」日本美學家柳宗悅如是說。傳統富涵思想、風俗、智慧、技術、語言，非屬於個人，實屬於全民，其中包括歷史和社會的本質。這也是柳宗悅大力倡導手工業存在的重要宗旨。

其外，日本設計師遠藤敬說：「我並非民俗學者。只是以一介業餘民俗研究者的身分，專心記錄自己親眼所見、所觸、所聞的一切。」見、觸、聞，他所言點出了手工業刻不容緩或遲疑的重點，有如醍醐灌頂，手工業是活水而非死水一灘。官方與民間合作維護傳統產業，讓老傳產持續紮根、茁壯，凸顯職人與產業對一個國家文化層面的重要性，以及保有更高度的民間美學位置，以期鞏固國家傳統歷史與教育的根本。如果連根本都失去了，我們奢談什麼文化？

收錄在本書中的職人們，只是台灣老行業部分的縮影，還有更多的職人與行業未被發掘、探索。關於「學徒」問題，永川大轎的王永川師傅受訪中，就明白點出招生不易的問題所在；彰化線西鄉的永安製鼓也面臨同樣的窘境，雖尊重傳統，但原料的品質與來源都面臨衝擊，也是老行業窒礙難行的憂悒；還有老順香的傳統手作糕餅等。近年來，中藥店的執業問題也於檯面上被熱烈地討論，中藥店的凋零，對於台灣醫藥產業文化的式微，是民間所不樂見的。還好有些產業有了接班人並注入新活水，例如延續父親手工板金老手藝的桃花緣，繼而闖出一番新天地；又如森與燈籠與黃清松米奶粉，都有後代接班人。

柳宗悦說：「在這片土地上的人類生活和事件，經累積而形成了現在的生活。所以說，任何樣式的現在都背負著過去。」他談的是歷史。台灣的人文薈萃，每一天，只要每個手工傳統產業與職人固守崗位，就是在延續與創造我們豐富的文化歷史。

Cake Shop 01

從順香到老順香——老順香糕餅店

「老順香」店主人王明朝最拿手的鹹光餅

① ②
③

1. 剛出爐的鹹光餅，延續老一代的手藝
2. 簡單幾樣器具成就鹹光餅，老職人絕活少不了先利其器
3. 每一個鹹光餅，都誕生自老順香店主人純熟的手工

古早阿祖的時代

他的店隱身在新莊的昔日老街裡，店面不大，但進深。以前濱臨河岸興起的街廓建築，大概都是接近這樣的形制。店面到城隍廟步行約數分鐘，但四十七年次的店主人王明朝說，最早的起家不是在此，這得從他的阿祖說起。

王明朝說，阿祖的店名最早叫「順香」，經營幾代後，時間久了，就被客人叫成「老順香」。廣福宮是新莊極早也是極老的廟宇，經歷漳、泉械鬥，廣福宮被燒毀，王明朝說，最早登陸新莊的是客家人，所以廣福宮祭祀的是客家人膜拜的三山國王。一八七〇年，阿祖在廣福宮旁邊巷子擺攤子，賣糕餅，當年的貨物匱乏，並不豐富，那個年代交易方式幾乎多以物易物。昔日的移民渡海來台，以耕種產稻米為主，而王明朝的先祖來台沒有從事耕種，倒是用台灣米去做糕餅。通常大家說的四秀仔（零嘴），也就是糕仔，它比較好保存，這也是台灣的米食文化之

1. 老順香店鋪
2. 手工木雕老模印
3. 家傳的老模印，年代久遠

一。糕仔的製作方式是先把米炒熟，碾碎成米仔麩，再摻入糖漿即成糕仔，也叫糕仔餅。通常礦工、討海人、樵夫、農夫等，都會帶著糕仔上工止飢。王明朝曾聽聞，當年太平洋戰爭，日本人若是有打勝仗，老順香就會製作一些糖果去分給大家吃，一起慶祝。

新莊最老的這條街臨大漢溪，大漢溪流經的城鎮有大溪、三峽、鶯歌等地，這些老鎮都因大漢溪曾經繁榮過，但時移事往，漸漸地，大漢溪河沙淤積，致使後來艋舺崛起，艋舺之後就是大龍峒，而現在最興盛的就屬淡水河岸了。至早，新莊街仔的繁華可見一斑。當年，阿祖在廣福宮旁做生意經歷約六、七十年之久，搬遷現址忽忽也有八十年了。鄰近老順香、台語稱「媽祖宮」的慈祐宮，創建於一六八六年，一七三一重修時，才改稱謂，至今也有三百多年歷史了。

久了，順香變成老順香

一大早，老順香顧客來來去去，主要為購買糕仔和鹹光餅者。他說這些糕餅現在都已經退流行，這途已經是黃昏事業了，如果他喊說不做了以後，這個行業恐怕就消失了。十七歲的王明朝，國中還沒畢業就開始學做糕餅，跟著家中的老師傅們學習。那些老師傅現在有的都已經八、九十歲，有的也已經離開人世了。王明朝的父親與伯父分家後，伯父繼續在他處經營，但後來無以為繼也早收攤了。箇中令人惋惜的是，當年許多老師傅的手工木雕模印，因為伯父的店關門後也佚失了。

目前老順香的店鋪結構仍是昔時的土角厝，過去屋後的一進曾經坍塌而無法做生意，當時也清埋掉很多的模印。王明朝的父親仍在世的時候，店內僱用了很多老師傅，從早做到晚，有時做到凌晨二、三點也是司空見慣的事，工時非常長。老順香的生意鼎盛時期，約於民國五、六十年代。當時南部人出外開始往北部移動，來台北許多工業區討生活，王明朝說，當年這條街的人潮熙來攘往，透早到夜晚幾乎水洩不通，寸步難行，由此可見當年老街盛況。對照現在，他說這條街透早到晚，都沒有人。

台式貝果保平安

阿祖先是做糕餅，後做鹹光餅，王明朝說。鹹光餅的由來，據他的考究，是從前軍隊的乾糧、戰糧，通常用繩索串在一起綁在腰際，這種做法的餅比較好保存，而其形狀類似猶太人的「貝果」。鹹光餅原名叫「光餅」，據聞是為了感念戚繼光將軍。取名鹹光餅，因為加了鹽巴，有著鹹鹹的口味，故名之。鹹光餅有分大中小三種尺寸，最小的鹹光餅就是平安餅，中的是大眾爺遶境，官將守走於前時掛在胸前，最大的則是神將掛於胸前的。

新莊人之所以稱呼鹹光餅為平安餅，源自百年前人們生活貧困，醫學不普及的情況下，為求平安，又或家中發生了不吉利的事、身體不舒服等，都會帶著鹹餅到廟裡拜拜。祭拜完後，吃不完的鹹餅，常因左鄰右舍的孩子多，所以就分送給大家吃。發展至今，現在新莊地區的每年農曆五月初一的大眾廟大拜拜，都會製作很多鹹光餅分給大家吃，保平安。位於新莊國小旁的這間文武大眾廟，也稱為地藏庵，建於一七五七年，歷史亦非常悠久，供祀的是昔日的無名荒塚。這間廟很興，王明朝說。至於這樣的習俗何時開始流傳，已不可考據了。

在阿公的時代，鹹光餅的做法是先炊蒸再烘烤，類似胡椒餅的做法，他曾與福州師傅學習過手工作法。王明朝說，小時候看到福州人做的四秀仔，有麻花捲、兩相好，還有鹹光餅。鹹光餅必須使用老麵，王明朝每天都必備老麵，為的是讓餅吃起來口感紮實。所謂老麵，是製作餅剩下的麵糰，每天收集起來發酵成酵母，作為鹹光餅的原料。從前老順香的鹹光餅比現在的餅較硬，但因為客人喜歡吃軟的，所以後來改良才變成今日的口味。

百年滋味聲名遠播

老順香的鹹光餅現今也熱銷世界各地的華人圈。有長居國外的老華人，在國外吃到鹹光餅非常感動與激動，因為想不到在遙遠的異鄉，竟然還有機會吃到故鄉的餅。甚至有顧客告訴王明朝，「老順香，

可掛於胸前的鹹光餅正在壓模中

上了芝麻的鹹光餅

一手絕活

製作鹹光餅

揉擀

STEP 1

第一道工序，先灑上一層薄薄麵粉，老麵團才不會沾黏在板子上（老麵團本身已先摻入鹽巴和糖）。

STEP 2

將醒麵過的大塊老麵團切割分成大小兩塊，大塊製作中的鹹光餅，小塊製作小的鹹光餅。

STEP 3

取出老麵團，預備擀製。

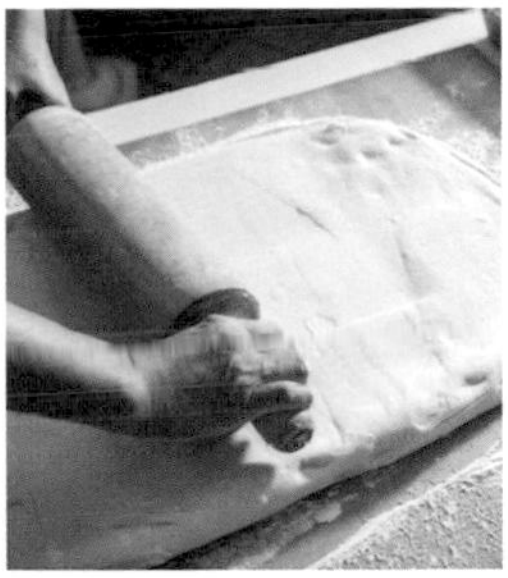

STEP 4

用麵桿擀製麵團到平整為止。

開模

STEP 1

取出白鐵製的鹹光餅中模型，壓出一塊塊的餅。

STEP 2

每一塊鹹光餅，使力均勻壓模。

STEP 3

取出餅的中間多餘麵團，為了烘烤後便於攜帶。

STEP 4

將餅仔細排列整齊，逐一放置烤盤內。

裝飾

STEP 1

在餅面上噴灑水，是為了蓋上清楚的紅章。

STEP 2

每一塊餅蓋上「平安餅」三個字，如果是外地的廟宇廟會委製，有時候會自備自家廟宇名字的章。

STEP 3

蓋完紅章，在餅上開始灑上芝麻。

STEP 4

先放置發麵，如果天氣冷放約一個小時，天氣熱則半小時。發麵的原因，是為了平安餅烘烤出來後比較Q彈可口。

烘焙

STEP 1

將餅放置進烤箱，烤約十五至二十分鐘。

完成！

將烤好的餅取出，約等一至二個小時冷卻後再包裝。從前人們會用繩子串起平安餅，方便攜帶出門。

老順香傳人王明朝製作的鹹光餅

老順香餅店
地址／新北市新莊區新莊路341號
電話／(02)2992-6337
營業時間／上午九點～晚上十一點

我那個鹹光餅放在日本已經二十幾年，整塊黑得像木炭」，許多華人移民海外後，因為信仰而供奉神明，就把鹹光餅掛在神明胸前而燻黑了。

王明朝說，原本老順香只賣糕仔餅，但因顧客調侃說，老順香只會做糕仔餅，約於民國五十年，老順香遂請師傅來教做麵包和蛋糕，一直延續至今。目前老順香仍有新血加入，還是以家族的成員新手為主，因為僱用不到想要當學徒的年輕人。王明朝道出這行業傳承的無奈。

老順香的鹹光餅聲名遠播，王明朝說，目前全省各地諸多知名廟宇，幾乎每遇大拜拜，都來訂製大量的鹹光餅。

老順香店內的櫥窗裡，還擺放許多製作糕仔、桃酥用的木頭印模，這些都是從王明朝的阿祖和阿公手中遺留下來的器具。老木模因為歲月，因為汗水，因為使力摩娑，致使那些光澤發散著，百年前幽微而恆遠的亮光。

Bean Skin 02

土角屋內的豆皮——永順豆皮工廠

堅持手作薄薄一張豆皮，灌注的力道與火候，僅在細微差距之間

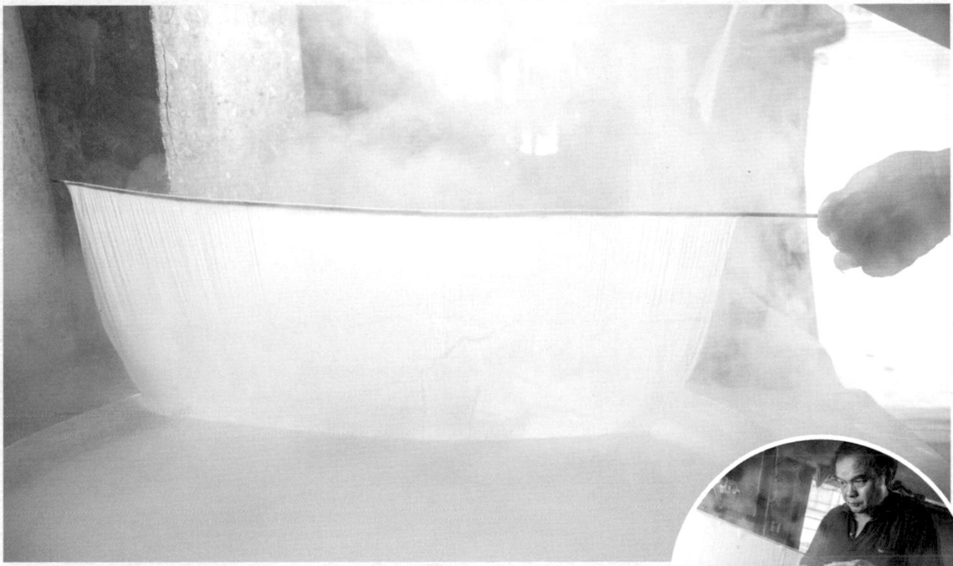

每一鍋取出的豆皮，
都是巧使力道而得

手工豆皮需要絕對的專注力與功夫

堅持手藝古法的老行業

這裡是鶯歌區尖山里，六十九歲的蘇水木師傅與五十九歲的弟弟蘇泓義，至今猶守住老家的豆皮製作傳統產業。

說起從前尖山這個小聚落，為什麼開始流行做豆皮？蘇水木說，早年有個住在三重埔（今三重區）的老師傅來尖山教學，當年全村就開始跟隨老師傅從事做豆皮，整個聚落幾乎有幾百口鼎冒著熱騰騰的白煙。蘇水木的父親蘇新松出生於大正十二年（一九二三），二十八歲時開始接觸製作豆皮的行業，農業社會時代，家中有薄田，但農務不多，所以就兼差做豆皮。當時黃豆進口自美國、巴西。

蘇水木開始承接父親的豆皮手工業，是從他退伍後，當時父親成為他的後盾。但實際上更早，十三歲的蘇水木就已經跟著父親製作豆皮了。當時的工作場所就是現在的廚房，早年的灶是燒木頭，都是用手搧風點火。每天從凌晨三、四點開始工作，使用的是柴薪、土炭，十四、五

歲時改用原子炭。柴薪取自山上，多在中午時分就劈柴晾晒，蘇水木退伍那年，家中開始安裝天然氣。鶯歌早年有挖炭的礦坑，也會有人載來販售，這是燒土炭的來源。製作豆皮的水源來自古井，古井水質清澈無雜質，直到現在仍在使用。市政府衛生局的人曾來檢測過水質，不但合格且無汙染。

豆皮製作的流程，首先將黃豆舀入石磨，磨出豆漿。通常約推磨十二至十五台斤黃豆，以前的鼎比較小，磨好的豆漿注入鼎內，當時有六個鼎一起煮，每天都是從凌晨開始工作，一天約有三百張豆皮的產量。製作好的豆皮批發到市場，市場攤商通常用來做捲肉捲等食品。蘇水木說，他的父親會背著包在布匹裡的豆皮，從鶯歌搭火車到桃園、中壢、台北等地，再步行到市集去。胼手胝足的時代流轉至今，被宅配便利取代了，如今豆皮全台各地都到得了。

凌晨從蒸氣出發

製作豆皮的工作辛苦萬分，不但整天站立，尤其鼎裡的豆漿必須一直保持熱度，一旦冷卻了馬上會酸掉，因為這是非常天然的食品，絕不添加防腐劑。等鼎燒熱後先瀝取豆頭(豆渣)，再開始攪拌豆漿，等表面的豆漿結出一層薄膜，再用竹枝撐住提起，目前一天一口鼎的產量約五百張豆皮。雖然父親年代只有三百張的產量，但如果比較黃豆的品質，當然是父親的年代豆子品質較佳。

目前，蘇水木兄弟倆每天都準時凌晨開始上工，首要就是磨豆漿，現在的磨豆機已由機器取代，磨好後再開瓦斯加熱鍋鼎，豆漿表面用竹枝撈起的豆皮，一根根插著風乾。一天的工作從凌晨到下午五點左右，中午也不休息，這是一場古法豆皮製作的耐力賽。一般做好的豆皮約放兩三天後，就由蘇太太整理好趕緊冷藏。現在豆皮的交易，屬素食市場最大宗。

昔日，父親製作豆皮的價錢比較好，那時候副產品豆渣和剩餘的豆漿含豐富的養分，還可以餵飼家裡養的豬，最多時候還養有五十幾頭豬。至於為什麼撈豆皮一定要用竹枝，則是因竹枝比較有附著性，使用的是桂竹，桂竹耐性強，從父親

①
②③

1. 還能做多久，蘇水木也無法確定，但只要還能做，仍會堅持下去
2. 每一天的開始，都是耐力的大考驗
3. 完成後的豆皮，一張張晾乾

一手絕活

手工豆皮製作

煮豆

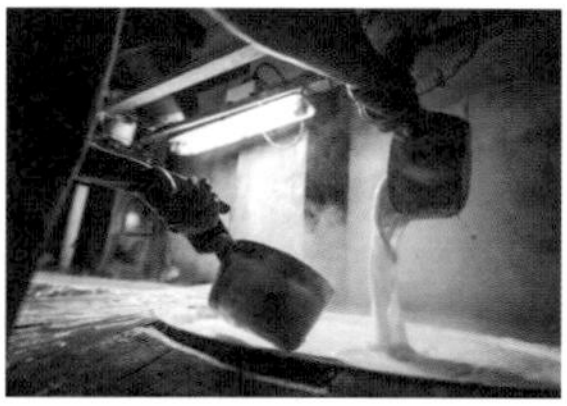

STEP 1

凌晨開始磨豆、煮豆，為一天的豆皮前置作業，鼎需維持一定溫度，不可讓豆漿冷掉。

STEP 2

瀝取豆漿內的豆頭（豆渣），取出的豆渣另以胚布包覆，用石頭加壓瀝乾，供作其他用途。

STEP 3

持續將鼎內煮滾的豆漿泡沫刮除，讓清漿雜質降低。

STEP 4

維持鼎內豆漿溫度，接下來的火候與力道都會影響豆皮的厚薄。

STEP 5

待豆漿產生薄膜，接著以小鏟子將薄膜從鼎邊慢慢分離。

STEP 6

以細竹枝進行取豆皮流程，小鏟子仍不時輔助。

STEP 7

進行豆皮拉取動作，力道的運用會影響豆皮的厚薄，太薄則容易破損。

STEP 8

從累積的經驗中，完美抽取半透明如薄翼的豆皮，成敗需靠純熟的經驗與專注力。

STEP 9

兩鍋鼎之間輪流取皮，嫻熟的力道操作，一一將豆皮取出，並先在兩鍋之間晾乾。

STEP 10

半乾的豆皮移至晾乾區，一起做最後的乾燥靜置。

完成

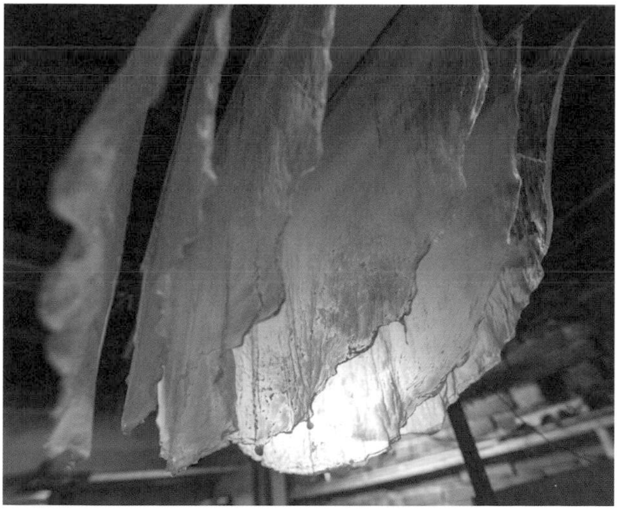

STEP 11

完成後的手工豆皮，一張張交疊收存。

手中流傳至今仍在使用。附著在竹枝上的一層層豆皮，經過一段時間的累積，還可以變成另一種豆製品，叫豆枝。

現今豆皮價格，大張的一張十元，其他再依等級分，兄弟兩人一天產量有上千張。蘇水木也坦白說，年紀愈大愈無法工作太久，以前如果有加班，產量更大。這種長時又需要耐得住燠熱的工作，沒有年輕人願意來學習的，太辛苦了。當年因為生活所需，沒有出遠門，遂跟著父親挑豆皮維生，蘇水木說，當年父親做這行比較賺錢。

溫潤如月的手工豆皮

關於工作的哲學，蘇水木笑說老人晚上睡不著都是騙人的，如果加減做事都睡得著啦。他說人最怕的就是沒事做，會胡思亂想。他起床後，凌晨聽一下收音機後就上工了，身體健康。

二十年前，自從大陸進口豆皮後，衝擊台灣豆皮的傳統產業，從此蕭條沒落。蘇水木說，大陸貨還沒進入台灣市場時，他們並沒有做廣告或業務推廣，不可思議的是，很多人都自己找到他們。當時最好的時候，曾經高達十四至十五個鼎的產量，大約聘僱有十幾個工人。時至今日，尖山里仍有四、五家工廠從事製作豆皮，但年紀遠不及蘇新松長。

蘇水木領頭參觀他的老屋工廠，老屋是以前的土角厝，屋頂仍是木結構。蘇泓義打赤膊大汗淋漓的撈著豆皮，約兩分鐘可以撈出一張。在屋梁上仍保留從前散熱用的機座，幾口老鼎熱氣蒸騰。一桶一桶的桂竹枝，一張一張斜插的半圓狀竹枝豆皮，透過窗口的光如薄翼。他們在圓鼎豆漿裡撈起的一張張豆皮晾在光裡，宛如白晝溫潤的月一樣。

尋味 INFO

永順豆皮工廠
地址／新北市鶯歌區尖山路208號
電話／(02) 26792921
營業時間／請事前電洽

①
② ③
1. 一張一張的豆皮，透明如薄翼，是古法煉製的成果
2. 豆皮師傅的雙手，累積了數十年的功夫履歷
3. 桂竹枝是接觸豆皮、取出豆皮的唯一介面

Sheet metal 03

老技術鎔鑄新靈魂——板金師傅和他的兒子們

少年徐聰明

這間位在桃園市八德區國際路的廠房，觀看起來與其周邊的工廠並無差別，但走進廠房內，機械的傾軋聲迴盪在廠房內，許多身著黑色T恤的年輕職人，正專注賣力地操作機器，此時才發現，這與他房有極大分野的風景，以及別有洞天。

徐聰明的父親在民國前是一名與日本人學習功夫的木匠，但他沒有繼承父親衣缽，自新竹縣新埔鎮的新埔國小畢業後，徐聰明在板金世界中找到人生另一條大道。在廠房內，至今仍精神抖擻地，穿梭在年輕人陣容中的徐聰明，會步上當板金師傅這條路，完全是因為舅舅的緣故。

二次大戰期間，舅舅被徵召去南洋當軍伕，沒有戰死，娶了菲律賓太太，當時因為拿的是台灣證件，才逃過被菲律賓人打死之劫難。回來台灣後，舅舅因為開卡車遂與日本人熟識，日本人在二戰戰敗要撤離開台灣，急於脫手汽車廠房和機械工具，就與他談交易，只要他拿出三十萬元，汽車工廠就轉手。但舅舅並未馬上答應，他告訴日本人，就算買下了工廠，但他們一旦撤離，就沒有技術人員可以教導修車技術。後來與日本人簽下合同，日本人承諾教滿一年，迨學徒上手，舅舅付款後，他們才會離開台灣。那時候台北市公家機關有很多汽車，車輛一旦故障，即苦於沒有汽車修復人員。

舅舅的修車廠名字叫「中央汽車工廠」。徐

隱身板金廠的桃花緣設計團隊

走進桃花緣的廠房，就會看見與一般板金工廠有極大不同

聰明國小畢業後，舅舅就帶著他和七、八個親戚的小孩，來到台北市博愛路植物園門口旁的汽車工廠，大家從學徒做起，開始學習引擎修理、噴漆、板金、車床等技術。徐聰明當年所學就是板金和鐵工的技術，鐵工的日文是「西工」（にしく），西工含括範圍頗廣，例如焊接等。談起這段學習板金的過程，著實為他扎下日後巧手的穩固根基。

一九五五年石門水庫正式動工，運送砂石都使用軍用卡車。軍用卡車並不適於在河床運輸行走，每一次損壞都拖吊回工廠維修。卡車修理通常一次兩輛，修好後就交還政府，再拖回兩輛故障的卡車，如此反覆。所謂的板金並沒有絕對的定義，徐聰明解釋，將損壞的汽車復原，就稱為板金。根據許多資料記載，板金是針對金屬薄板（通常在 6mm 以下）一種綜合冷加工工藝，包括剪、沖、切、復合、折、焊接、鉚接、拼接、成型（如汽車車身）等。其顯著的特徵就是同一零件厚度一致。故，所謂板金顧名思義即為板狀金屬，其包含鋼板、鍍鋅鐵板、烤漆板、鋁板、銅板、不銹鋼板等，各種不同板狀金屬材料。

烈火煉過的金，才是真金

常說「真金不怕火煉」，大抵唯有徹底被訓練、鍛鍊過的人，才能擁有一身真功夫。出生於一九四一年的徐聰明就是。

回憶起當學徒的年代，師傅一開始在晚上會把小學徒集合起來，教導他們白天就要把晚上實習的工具清洗乾淨、晾乾，晚上才開始進行拆裝教學。師傅工作很細心，工具拆解開後，一定得擺放整齊，然後再依序組裝回原來的樣子。日後，開始正式進入板金工作，使用的工具很簡單，鐵鎚和折彎的工具。汽車發出異常聲音，師傅教小學徒們用聽診器替汽車診斷，聽見哪裡發出怪聲，一打開，果然是零件故障。這是師傅認真細心的工作態度。

徐聰明看待現在年輕人對待活化老產業的態度，他提出建議說，一定要有恆心，不能半途而廢，他仍是以當年師傅們傳授給他的板金技術與工作精神，一槌一槌打造，反覆練習，一絲不苟也不馬虎，藉此勉勵後進。

當年沒有太先進的機器輔助，汽車的板金，完全用雙手去敲打和夾彎，一個弧度或角度，反覆、來回敲打，臻於完美為止。而進廠修理的撞壞汽車需要更換鐵皮，完全是人工作業。取一塊新鐵皮畫上尺寸，用剪刀裁剪，再開始進行敲槌，直到打出一副與原來一模一樣的車型零件。汽車最困難的板金部分就是引擎蓋，車頭也是一輛車最漂亮的焦點。徐聰明一開始的學徒生涯是無給薪制，但舅舅

徐聰明沒有放下一身功夫，仍發揮創意做板金

1. 徐聰明在工作上傳授與勉勵後進
2. 汽車引擎蓋的板金最為困難
3. 廠房內陳列玲瑯滿目由鐵工延伸的創意作品

仍會發零用金，而每半年或逢週年節，工廠就用卡車載著一群小朋友回到新埔過節，一天來回。

徐聰明在舅舅工廠一直工作到民國五十年當兵，五十二年退伍、結婚後，這時期計程車開始普及，也是一個車廠開業的好時機。徐聰明自己開始創立汽車板金工廠，招募員工的來源一樣循舅舅的例子，回新埔老家，找家族中的孩子當學徒。當年工廠的位置挑選在信義路四段東方中學門口，而信義路四段那時都還是田地。工廠一直經營到一九七四至一九七六年汽油大飆漲時，才結束營業。後來又輾轉搬遷到以前是靶場、現在是一〇一大樓的位置，爾後又因為契約問題，徐聰明又把工廠遷移到現今聯合報大樓附近小廟旁的空地，結果地價飆漲，又被迫結束營業。

一槌一槌一絲不苟，徒手打造一輛車

一九七六年，徐聰明因為歷經物價上漲的壓力放棄本行，開始十餘年開計程車生涯，計程車業結束後，又輾轉換了工作，儘管如此，他的內心始終抱著遺憾，而不忘板金初衷。在開計程車之前，徐聰明可以利用板金功夫，打造一輛全新吉普車，而這身本領完全是在從前老師傅身上學就的。六十五歲，徐聰明正式退出職場，但仍念念不忘當年開業閒暇時，純手工打造改裝摩托車的創作樂趣。他說，現在體力大不如前，但手還能拿剪刀剪鐵片，腦子裡有很多創意。他的二兒子徐義貿就擁有無限天馬行空的點子，他利用父親傳承的手藝傳統技術，創作出很多不同於他人，且非常特殊的工業風格作品。徐聰明說，要做就要作獨一無二的，一定要走在別人前面，而且要勇於與眾不同才特別。

此時，擁有工專產品設計系專長、在學校擔任副教授的大兒子徐正泰想要創業，徐聰明二話不說支持他，協助鐵工等手作技術。例如鐵藝鍛造的窗花等，抑或利用板金技術在近五年賦予老車子新生命的作品，也因如此，正式開啟了傳統板金結合嶄新創意產業之活水的另一頁——桃花緣。

老技術注入新生命

二〇〇三年至二〇〇五年，因為參與政府舉辦「挑戰二〇〇八：國家發展重點計畫」，學術界成立五個設計中心，培育產學領域之文創專業，從二〇〇三年開始，徐正泰負責北科大設計中心，當時的計畫旨要，是將國外的經驗帶回台灣，培育教導設計系的新生，如何在學院裡發揮創意；再帶領國內學生出國觀摩，學習國外的設計環境與學術交流。三年後，二〇〇六年，「桃花緣」公司成立。

徐正泰與身為板金師傅的父親徐聰明之間，儘管沒有傳承衣缽，但父親卻助他一臂之力。二〇〇六年還不時興談「文化創意」這個名詞，但其實國外已行之有年。當年出國觀察國外的經驗後，他很明確與清楚文創的未來走向輪廓。一開始進行現在的公司創意產業，旁人並不知道他在做什麼，當時父親正好退休，一聽到他要創業立刻投身協助。草創時期僅知道「這條路是可行的」此想法，直到現在，他的夢想正在計畫中一步步實現。

而徐正泰受到震撼的經驗是在義大利。他曾看見一個五人團隊，竟然可以實現一個東南亞的飯店案例。直到近年，他在台灣承攬一個大型飯店案

魔幻板金手

徐聰明說，當年兒子們僅知道父親會做板金，但出乎他們意料，父親的技術這麼厲害，可以靠手工打造一輛車。十餘年前，大兒子給父親一張英國古董車照片，徐聰明過目不忘，不需要倚賴丈量工具，即按照圖片依比例打造出一輛相同款式的汽車。他完全利用以前所學板金下過苦功的技術，從底盤做起，一直到外殼完成。當時對面汽車修理廠的師傅看他每天忙上忙下，好奇跑來看，也納悶這個人怎會有這麼好的技術，這完全是只有老師傅才能作得出來的功夫。徐聰明迄今一共製作三輛，但可惜第一輛電動古董車失敗了，因為馬達等構造的零件短缺，所以沒有研發成功。

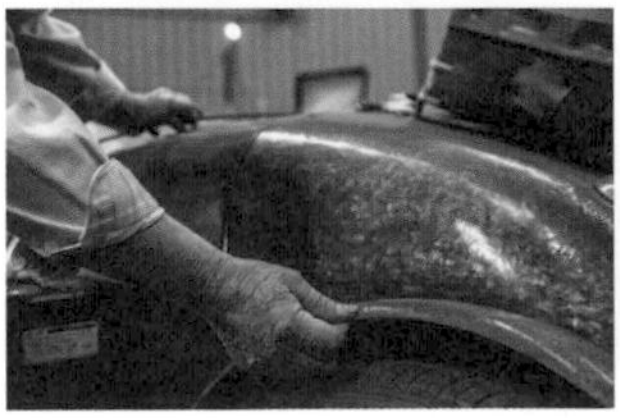

①②
③④
⑤⑥

1. 徐聰明腦子裡有很多創意，技術又好，往往可以創作獨一無二的作品
2. 徐聰明只根據古董車照片，即打造出相同款式的車子
3. 古董車的冷卻系統
4. 古董車的頭身造型
5. 古董車的外皮板金
6. 徐聰明與手工打造的古董車

利用板金技術賦予手工古董車新生命

1. 廠房內有一區是規劃為可以激發靈感的空間
2. 徐聰明一家三門，從設計到技術，為板金工藝留下精彩一頁
3. 生活靈感區的展示品
4. 徐正泰將工業設計落實在鐵工創作上

子，是靠著幾個夥伴完成，他證明了理想是可以付諸行動而完成。

放大單一技術能量

談到父親的板金技術與徐正泰的產業結合，他說，父親僅止於技術這部分，但他沒辦法具體描述出汽車文化這件事。工業設計出身的徐正泰非常清楚，所有工業產品裡面，完成難度最高的就是汽車，因為完成一輛車，涵蓋層面太廣，不僅必須具備設計能力才能製造汽車；而父親會作車，是因為他了解汽車製造的過程，然而最難之處，是如何讓開車的人覺得自己變帥，這些都是汽車文化的部分。從小到大，父親就一再告訴他汽車的故事，這是他最大的收穫。而板金就是汽車技術面的呈現，具體而言，是整體汽車文化。從汽車文化的故事、歷史，直到自己學習設計以後，把設計的概念置入現在所做的每一個物件，立刻出現極大的衝擊感，這是對單一技術的能量放大。父親如果沒有告訴他這些故事，他就不會做現在做的事。

談到「文化創意」，徐正泰解釋，所有人類發生的事情，包括頭腦的創意，都是文化的發生，而將這創意拿去賣錢，才是文化創意產業，簡單而言，就是上、中、下游的供應鏈形成的一種產業，而必須是這樣的形態，產業才能活絡起來。一般文化創意園區自己加工作的小物件，稱之創意小物，而非文化創意產業。他說，如果要舉台灣文化創意產業最佳例子，應該就是檳榔文化。

桃花緣裡的文創桃花源

一般公司可能會取一個抽象或文氣的名字，但徐正泰反其道而行，他說，在國外公司名稱都是比較生活化，他希望是通俗而親近的。目前桃花緣一個數人組成的設計團隊，他強調，所謂美不應該有距離。桃花緣的設計概念源於十八世紀工業革命興起，處於半手工半機器轉型、創意天馬行空的年代，所以他力求創造的作品看起來精細，但真正把玩觸摸，才發覺迥異於機械所製作的成品。而金屬手工加工技術，正是出自於父親的板金功夫傳承。而他最期冀就是將創作拉到藝術層面，對一個匠師不諱言，這是絕對困難的，但在公司裡，他特地擺放好玩有趣的物件，提供匠師可以放鬆的空間，激發生活靈感。因為這些投資，創作才可能多元化，培養出一個工匠從創作工藝品，直到成為藝術品，層次自然提升。他想做的就是：每個人心目中有一件東西是你買不到的。

師徒制在父親那一代是被允許的，但直到世界多變多元的現代，徐正泰的觀念轉換成，父親傳承技術給他和弟弟徐義貿，在設計部分，他去理解精神和文化，弟弟則執行技術的發揮。板金技術的傳承已經到第三代了，他一樣把這些技術與能量傳承下去，以後會再演進成什麼模樣，沒人可以預料，但基本上，徐正泰只傳承精神與文化層面，技術傳承的比例會減小，因為台灣不會也不應一直只受困囿在技術面。

尋師 INFO

桃花緣設計
地址／桃園市國際路一段530巷151之1號
電話／(03)3620102
營業時間／請事前電洽

Neon Factory 04

老派的浪漫——霓虹燈微型工廠

華燈初上，霓虹燈管正閃爍

夜裡近七點，這間藏在三重區巷子內的家庭工廠，燈火仍點亮，老闆與太太兩人猶趕工作業。

五年級生的王慶松，民國七十三年國中畢業後開始當學徒，跟從同在三重開業、而現在已離世的巫老闆學習製作霓虹燈管，巫老闆時年約四十。王慶松一直跟著巫老闆到當兵前，雖然期間進出數次，然而始終不曾更換過職業。聊起為何會踏上製作霓虹燈管這一行，王慶松

儘管摩登時代已遠，王慶松仍留守在
一片霓虹燈彩中

①
② ③

1. 根據字體造型，彎折燈管成形
2.「天作之合」霓虹燈
3. 王慶松的太太也有一身好技術

說，完全是因為父親的關係。他的父親是踩著三輪車到處賣菜的菜販，當時巫老闆的工廠位在三重集美街，因為父親賣菜給老闆娘而熟識，王慶松遂藉此進入這個行業。

當時巫老闆接受的生意，大部分是店頭的招牌訂單，尤其是服飾業。通常各行業商店的壓克力招牌，廣告社業者都會接，也因此相形下，霓虹燈招牌自然屈於廣告招牌製作而成附屬，但相對而言，霓虹燈的技術學問又比廣告招牌略勝一籌。要製作招牌霓虹燈，通常業主不容易找到專業的他們，皆藉由同業介紹接單。一開始業主會找設計師設計標準字，王慶松再依標準字去製作，其中包括字體和線條。霓虹燈可以製作的範圍很廣，如以市場而言，主要是以兩點透視的平面設計；霓虹燈當然也可以立體化，但它有限制，因為它是燈管，燈管會有長度侷限，若要製作成立體卻又受到角度限制，單就燒製就有很多細節需要克服，因此一般師傅不太願意做。

從入門學徒到霓虹大師

進入這一行的初學者，當年王慶松首要學習是做導電用的電極頭，從前的電極頭都是自己加工完成。它的做法是先買銅片剪裁成喇叭口形狀，並細細敲打成漏斗狀，再夾上銅線去燒製，做成電極頭。這是學徒的入門。初學此項技術的用意，是因為也要學燒玻璃管，如果玻璃燒過頭，銅線當然也跟著燒毀，從箇中就可以看出燒玻璃技術的細節，王慶松就是從這個過程摸索認識到玻璃的特性。一開始當學徒是不可能接觸到製作燈管的部分，通常都是是跟著師傅到店家去施工安裝燈管。至於霓虹這個名稱的由來，王慶松並不清楚，但他曾經聽過「上海派」這個說法。

吹製霓虹燈管的造型，現在的做法是咬著管子吹玻璃，早年是不咬管子的，一根玻璃管子先塞住一端，玻璃燒軟後直接就口去吹，這技術門檻更高招。直到後來接管子是為求方便，玻璃長度不算短，燒軟後只是一個點，但手臂不夠長去承接，有時候會放置在桌子上，而且丟放時候要有技巧性，否則玻璃很容易受損。一根玻璃通常有六尺半的長度。霓虹燈管內裡充入的是氖氣和氬氣，這是化學的習題了。

霓虹燈管有長度，須謹慎在桌上作業

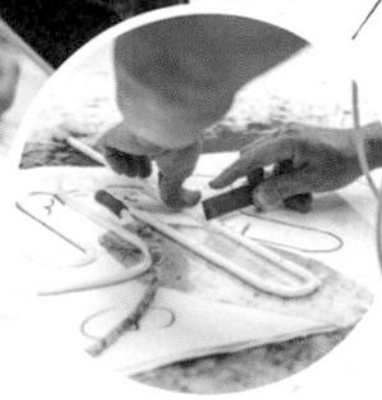

作業中不時比對燈管彎折的角度與形狀

一手絕活

製作一管霓虹燈

STEP 1
從客戶的需求中設計字體，或由客戶提供設計的字體與形狀。

STEP 2
製作前先預設管子製作的路徑。

STEP 3
依設定的顏色選取燈管。

STEP 4
根據字體樣式，開始進行燈管彎折作業。

STEP 5
火烤玻璃（軟化）塑形，嘴巴含管吹氣，以防玻璃塌陷。

STEP 6
對稿（字形）製作，比對燈管彎折的角度與曲線，看是否符合原先設計的形體。

STEP 7
對稿（利用防火板細部修正）。

STEP 8
燒黏電極頭。

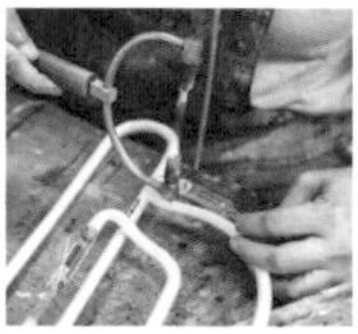

STEP 9
高壓加溫（真空處理），管內填充氣體。

STEP 10
經過曲曲折折的彎折後，完成一組作品。

完成

點燈測試作品的效果。

摩登時代的象徵

一八九八年，英國化學家 William Ramsay 在實驗室發現了氖氣，因此得到諾貝爾化學獎。他把氖氣放進玻璃容器內注入電流，實驗室內的研究員們便看見「赤紅的火豔」，這紅色後來即成為都市的象徵。能發光的氣體包括有紫色的氬；淡藍色的氙；粉紅色的氦；銀白色的氪，而氖和氬是最穩定的氣體。霓虹燈細分成水銀和紅色，紅色本身就是氣體發亮時候的顏色，如果再透過藍色螢光粉，就呈現粉紅色狀，用綠色螢光粉去配紅色氣體，就會近似橘紅色。藍色系就是水銀燈，水銀燈本身是依螢光粉區別，螢光粉的色階就如水彩顏色。螢光粉利用溶劑將其鍍在燈管內壁，以前的技術是老闆拿裝有溶劑的瓶子晃動，另一頭要有人用嘴巴吸入。當然，這個產業的鉛氣體，對於人體的傷害性是極高的。

霓虹燈曾經是城市的繁榮代表，王慶松說。《香港年報一九六四》寫道：「成千上萬的霓虹招牌照亮了街道，以五光十色傳遞着各種訊息。」約一九三〇至四〇年代間，香港的招牌即受到西方視覺文化的影響。當年產業最蓬勃時候，中英日文的燈管都有，現在同業來找王慶松製作的，幾乎都是運用在室內裝飾為主，如百貨公司櫃台。如今馬路上的大招牌，幾乎都是LED燈的招牌了。約莫十年前，王慶松就警覺霓虹燈這個產業已經慢慢步入式微。而其實LED燈和霓虹燈的價差，前者甚至高於後者。王慶松說，LED燈如電子產業可量產，但霓虹燈如果後無來者，可能就到他這代為止了。

一邊彎折燈管一彎吹管，是危險度極高的工作

① ②
③

1. 根據字體造型，進行彎折的造型霓虹燈，並進行氣體充填
2. 點燈後的造型霓虹燈
3. 對於霓虹燈管這門夕陽產業，王慶松的熱情依舊不減

逐漸熄滅的霓虹燈

王慶松當學徒時，一個月的工資是三千五百元，因為受到父親觀念影響，習得一技之長，最可以保障生活的穩固。當年工廠只有兩個學徒，王慶松退伍後一個月就自己創業了。剛開始內外業務他都做，但他意識到必須專注於折燈管，才可以真正養成專業，所以他必須取捨。十幾年前，剛出師時候，王慶松最好的薪資約有五、六萬元，一天十幾個工時，而現在薪資竟跟以前差不多。目前玻璃的成本跟從前相較，也已經價差一倍之多。

一般燒燈管的機器叫做火頭，從前都是美規，但品質反而沒有像現在使用的這具台灣製的好。霓虹燈的彎折有一定的慣性和角度折法，外行人看起來可能複雜，但王慶松說，其實那是職人的專業方法。在當兵前兩年，王慶松自己在家中設有簡易的折燈桌子，而霓虹燈就是燈管，要表現字體就把多餘的用油漆塗掉，字型自然

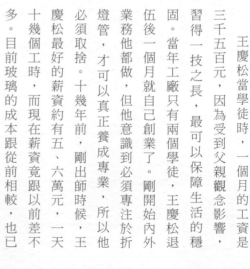

浮現。霓虹燈的發光是屬於內加溫的方式，利用高壓電將玻璃管內部的氣體抽到一個程度之後，用高壓燒它，造成玻璃管產生至少幾百度的高溫，如此把玻璃內部表面的一些雜質、水氣等抽出後，霓虹燈氣體才能灌入，因此才會發光。霓虹燈是屬於冷陰極管，與日光燈同原理。

王慶松說，霓虹燈產業將與打鐵業一樣，不會沒得做但會愈來愈少，而就算想做，可能也沒有原料可做。以前玻璃燈管的貨源多來自新竹，但現在已不再生產，目前貨源幾乎全來自中國，但也快斷貨，致使此傳產形勢更艱難了。談起產業傳承，現在唯一可行的方式就是學校開課教授了。

折燈管不減熱情

在這一行做這麼久的時間，王慶松說，自己從未倦怠過，他對這個產業始終保持熱情，而熱情來自於對這工作的不厭煩，他會盡量想方設法把產品做漂亮。現在一天工作八個小時，昔日當學徒從早上九點上工，最晚凌晨一、二點下工。他常常在西門町通霄達旦地工作，從前西門町很多服飾店白天

1. 王慶松與太太兩人守住一個漸趨消失的技藝
2. 霓虹燈的彎折有一定的慣性和角度折法
3. 與高溫及化學氣體共舞，是霓虹燈製作無可避免的職業危險

要營業，所以都在晚上進行安裝霓虹燈。

台灣的霓虹燈產業，到底始於何時？王慶松說，日治時代就有生產了。作家魚夫曾寫道：「當時離北門城不遠的京町（博愛路）和榮町（衡陽路）歐風街屋也有各式各樣的招牌，夜間還有霓虹燈……」一九一二年，法國工程師兼企業家Georges Claude，是第一位製造商業用途霓虹招牌的人。王慶松的老闆的霓虹燈製作生涯，就是從西門町開始，那時候還有另一、二家廠商。

在做學徒的時候，王慶松還不會折燈管，但他每天看著師傅折，晚上睡覺躺在床上，自己用手比畫，反覆回想白天師傅的手勢。之間，有段時期他跳槽到台北市中華路的一間工廠，那時候還是半學徒的他，半年後就折出一組龍鳳喜燈送給二哥結婚用，折了這組燈後，王慶松才確定自己會做了，出師了，這正是他犧牲睡眠、努力而得的成果。他說，「有興趣」對於學習真的很有幫助，所以他學習製作霓虹燈，除了有天賦外更樂在其中，此經驗可以給年輕人當借鏡，興趣和好玩是工作上非常重要的元素。

尋師 INFO

王慶松霓虹燈工廠

地址／新北市三重區

叮嚀／霓虹燈師傅目前只承接B to B委託業務，需透過委製的廣告社訂做霓虹燈

在王慶松學徒階段，龍鳳喜燈是極為關鍵的作品

Drum factory 05

海邊的鼓聲——永安製鼓工藝社

驚奇的製鼓之旅

極難想像，在台灣西岸的彰化縣線西鄉濱海的溝內村，一個傳統三合院內，竟然深藏如此驚人的手藝。在傳統建築裡，屋內垂掛著大小不等的牛皮，以及堆砌著許多製鼓的木頭。訪談前打開收音，將機器放在鼓面上，一場驚奇的製鼓旅行自此展開。

製鼓師傅黃呈豐，一九六〇年出生，他的曾曾祖父是法師，他的佃農阿公黃毓書，在早年是踩腳踏車載牛皮原料的人，當年，牛皮用途是製作請神的法器，因此銷量不似現在的量大。現在的濱海快速道路昔日還是海，而溝內村一直是農漁社會，倘若東北季風或颱風季節一來，海水倒灌一定會淹覆到黃呈豐的家門埕，結果所有靠海吃海的工作都白費了。黃呈豐有個姑婆住彰化市，家裡開佛具店，如果有人請神入神，就得敲鑼打鼓與念咒。彼時兩岸仍有通航，於是，有從福州來的製鼓師傅到彰化教學，因為黃呈豐的父親黃秀安入伍當兵了，阿公就叫他的三叔和小叔先去學習做鼓。雖然當年去學了做鼓這行，卻賺不了錢，仍然必須靠借貸生活，購買木材也需要花費，因此根本入不敷出。

從前耕不動田地的老水牛或黃牛的牛皮，就是製鼓的牛皮來源，而取得的地方就是牛墟。因此，黃毓書就得跑台中或北港的牛墟去採購牛皮。

時光流轉，黃呈豐的家族製鼓至今，已歷七十

面臨失傳的做大鼓手工技藝，製鼓師傅黃呈豐堅守住線西海邊的鼓聲

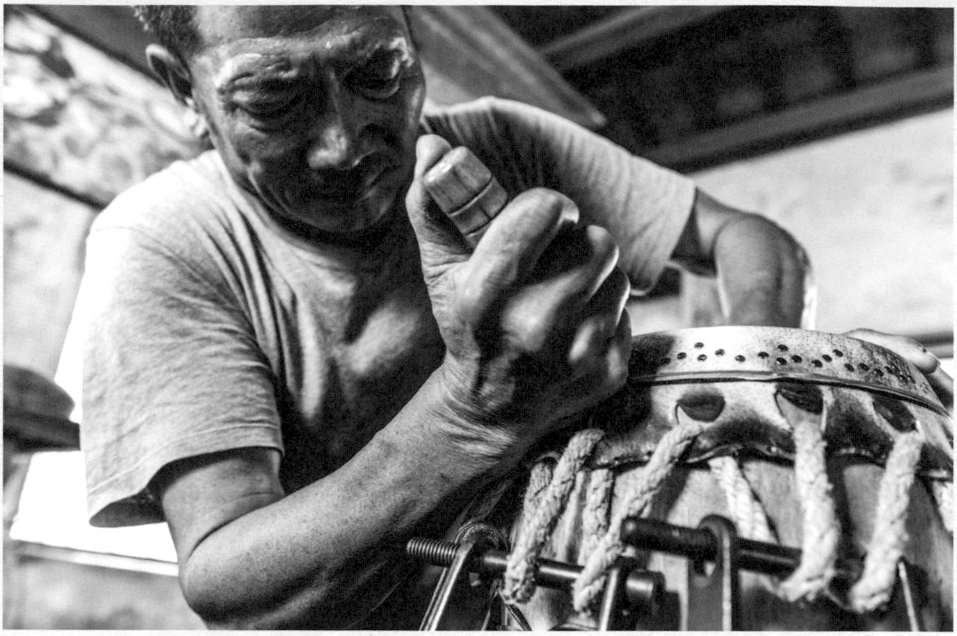

堅守手工製鼓的製鼓師傅黃呈豐

年光陰。永安的製鼓，除了宗教上使用外，後來，許多技藝團體也慕名而來訂購。

黃呈豐解說，鼓使用的最重要場所，除了廟會與彰化縣的北管（北管不用大鼓，都是用請神的小鼓），以及廟宇的鐘鼓樓外，大鼓其實極早就開始製作了，但早年廟宇不多，直到宗教因經濟景氣與發展而興盛，現今廟宇有鐘鼓樓、龍鐘鳳鼓、開路鼓等三種鼓。

民國五、六十年，牛隻的皮取得不易，且開始被控管。老牛皮當時仍是用於製鼓，小牛皮製鞋。

嚴格而言，黃呈豐年幼時候，就已經跟著父親做小工。小工的工作，主要是拔大鼓鼓圍固定牛皮模型的鐵釘。屋子內有幾個大鼓，正使用機台綳緊鼓面。鼓面的牛皮是收購回來的牛皮，削薄後，風吹日晒至乾燥。

製作鼓的木料，從前還可以買到台灣楠木或檜木，如今台灣禁採，所以都是進口，大部分是柳安木。說起木材最好的年代，就落在父親黃秀安那一代，有檜木、楠木、烏心臼。木桶的製作是請鹿港做箍桶師傅做的，每一個桶子都得放置四個月蔭乾的時間，因為木頭如果風吹日晒，就容易掀角。

製鼓牛皮最重要

黃呈豐再次強調，製作鼓最重要的是牛皮的處理。一張生牛皮依鼓面大小而裁切。接著浸水、刮毛、削脂肪，然後晒乾，再泡水，最後拉模型後再晒乾，後拔釘子。製作鼓最害怕遇到下雨的天氣，牛皮一旦潮溼很容易發臭。雖然過程聽起來很簡要，但是從黃呈豐取出的老照片，觀看其中處理的程序，相當不容易，尤其黃太太也得幫忙處理牛皮表面的工作，但黃牛皮不需要去毛，因為黃牛毛較纖細。而黃呈豐提及自己的牙齒不好，是因為當年一天咀嚼三包檳榔，目的是要阻腥味防嘔，好削除牛皮腥臭的脂肪層和雜碎。削完第一次晒乾後，將皮再泡水，再削一次皮，然後打洞穿繩。從前用麻繩，但因為晒太陽後容易脆化，所以現在改用棉繩，再用機台固定住模型。黃呈豐還保留阿公的一面鼓，昔時固定的支架多選用相思木，是阿公自己削的木頭，不像現在有了機台可以方便固定鼓。

木桶需要長時間蔭乾放置

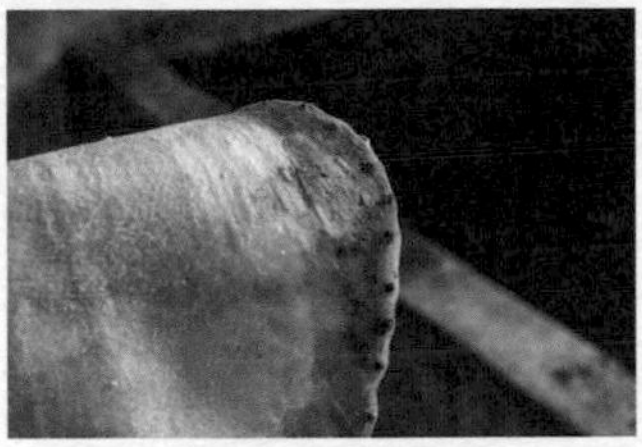
牛皮的質地影響製鼓的品質

釘子拔除後，在鼓面邊緣上油潤滑，並用鎚了搥打勻稱才不致產生空隙，再用長形鐵片（早年使用長竹片）圈桶後，安裝響條好有振動共鳴與回音，後再晒乾，鼓就定型了。聲音的高低厚薄，祕訣也完全在繃鼓過程間。如何判斷調音的正確，完全倚賴經驗。

晒牛皮也有學問，因北、中、南三地日照而有差異。例如南部日照強烈，晒牛皮容易只有表面乾燥，內部卻灌膿，在經過泡水後，要拉模型時，容易崩裂。最適宜晒牛皮的季節，就是中秋節過後的風和日麗天氣，這種天候牛皮會變得比較漂亮。

因地制宜做大鼓

大鼓價格約數萬元不等，但現在的牛隻體型小，牛皮難取，因此想要製作大鼓益形困難。大小鼓的製作流程一樣，都要花費一個月時間。黃呈豐非常堅持一點重要的原則，他的鼓除非有用途，僅可用於宗教上或表演，否則不會賣出。更強調說，現在牛皮短缺或者不夠老，所以繃鼓時候容易龜裂，因此更要珍惜得來不易的好牛皮製成的鼓。

早期的牛用於農耕，因為勞動，所以牠們的皮韌性足夠延展。黃呈豐每拿起一面鼓，就解釋不同區域使用的鼓的特性。鼓之於各地陣頭，因地而異。例如嘉南平原的廟通常使用桶仔鼓，因嘉義縣的使用者較具草莽與土性性格，在地理上又是遼闊的平原，擊出的鼓聲就須結實且音調不能高，低沉才傳得遠，不但隔壁村莊

每面牛皮都須經過刨削，將脂肪與牛雜處理乾淨

黃呈豐與太太兩人合力完成製鼓

繃鼓與調音，完全倚賴經驗

① ②
③

1. 製鼓須因地制宜
2. 手工製鼓的牛皮泡水池與削皮架
3. 中秋節過後，是適合晒牛皮的季節

聽得見，也適用於陣頭打拳；而如中埔鄉山線的桶仔鼓的鼓聲音較高；又如請神用的小鼓，還有武館專門使用的鼓等。喪事也有喪事使用的鼓，其聲較沉；兩廣醒獅團有專門的鼓，以及即將絕版的龍眼木挖空製成的鼓；還有家將團使用的八角鼓；什麼形式的鼓就搭配什麼樣的鼓棒。黃呈豐每次去進香，都由太太去拜拜，他負責看陣頭。

製鼓背後的匠人魂

目前，朴子配天宮、過溝建德宮、

一手絕活

牛皮手工製鼓

STEP 1

一張生牛皮依鼓面大小而裁切。

STEP 2

進行燙水、刮毛程序。

STEP 3

削脂肪，然後晒乾。

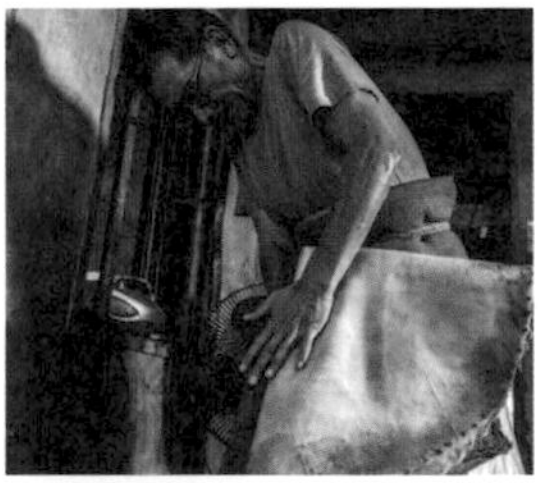

STEP 4

大鼓皮面積大，需要進行幾次的削皮程序。

STEP 5

削完第一次晒乾後，將皮再泡水，依厚薄需求再削一次皮。

STEP 6

進行打洞、穿繩。

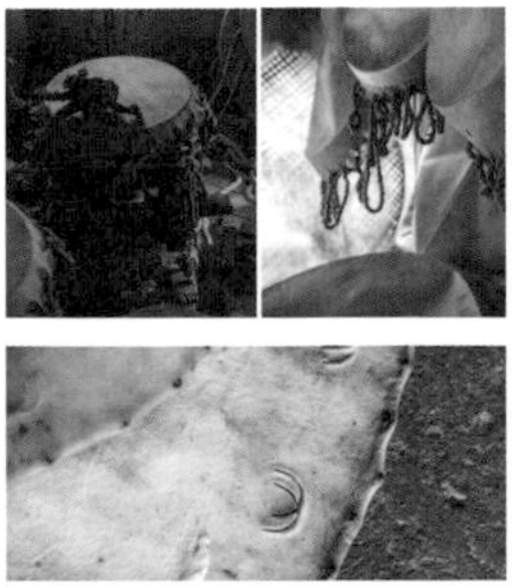

STEP 7

最後以機台拉模型後再晒乾，後拔釘子。

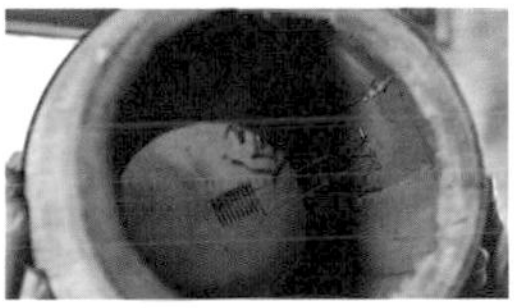

STEP 8

用長形鐵片圈桶（早年使用長竹片）後，安裝響條好有振動共鳴與回音，後再晒乾，鼓就定型了。

STEP 9

安置鼓身後上鼓皮，在鼓面邊緣上油潤滑，再用槌子搥打匀稱才不致產生空隙。

STEP 10

聲音的高低厚薄，祕訣也完全在綳鼓過程間，綳鼓前還須鬆動鼓皮，使其柔軟。以跳或踩的方式站上鼓面，鬆動鼓皮。

STEP 11

如何判斷調音的正確，完全倚賴經驗。

STEP 12

完成後的鼓，修飾多餘的外皮。

STEP 13

再經表面磨光與上漆。

STEP 14

完成前裝飾大鼓外表。

完成

STEP 15

製鼓完成

鹿港天后宮、澎湖天后宮等廟，都有永安製造的鼓。每一座廟的鼓都得小心保護，黃呈豐說，做這一行最怕的是雨水。他也極力反對使用化學的藥劑處理牛皮，因為很傷皮面，而且容易纖維化，鼓聲變得不夠好。他說用在佛教的鼓聲較詳和，道教的陣頭鼓聲激昂如戰鼓，因此牛皮必須削厚實。

製作一個鼓，必須重覆約二十道程序，黃呈豐沒有收學徒，他說因為太辛苦了，沒有人要做。他說少年仔想要打鼓，不會想要做鼓。他說這是夕陽半工業，大概到他這一代為止了，從年輕做到現在，只剩他和太太兩個人。之前社大請他去上課，但他打趣說，來聽課的多是耆老，而有人僅僅看到他削牛皮，驚嚇得都打退堂鼓。黃呈豐拿出削牛皮照片裡的他，身上必須繫著麻布袋圍裙。

九〇年代，大陸鼓傾銷台灣，這也是造成台灣製鼓沒落的原因之一。

黃呈豐接承父親黃秀安的手藝，約在民國七十幾年，那時候父親身體不好、而他也剛好退伍。黃呈豐一邊拿著北管使用的小鼓，

① | ②

1. 不僅需要體力耐力，為了鬆動鼓皮的柔軟度，還要站上鼓面，以腳或踩或跳鬆軟皮面
2. 社區大學雖有研習課程，但一見削牛皮模樣，有人即退避三舍

一邊解釋牛皮晒乾後如何繃鼓。提起北管，他有感而發自己的職業一如俗語所形容的：曲管邊的豬，不會唱歌也會打拍子。意含著耳濡目染。他解釋從前人瞧不起戲子，甚至引用「九儒十丐」經典的鄙視用語。他說他不懂南北管，所有的種種都是顧客告訴他的。

海口人的特殊口音，海口人的真性情，在黃呈豐身上在在表露無遺。訪談將結束，黃呈豐頭綁紅布條，打赤膊親自上陣要露一手。在傳統的老屋內，蕩氣迴腸的鼓聲陣陣繞梁，站在大鼓後面的他，宛如巨人。

永安製鼓工藝社，「永安」是父親黃秀安的命名。黃呈豐說，從前的人貧苦沒飯吃，平安就好。

永安製鼓工藝社
地址／彰化縣線西鄉溝內村溝內路48號
電話／（04）7580841
（04）7585037
營業時間／請事前電洽

傳統技藝逐漸凋零，然匠人魂不滅

Feather duster 06

源自乞食的靈感——陳忠露雞毛撢子

雞毛撢子達人養成史

這是一個典型台灣西岸務農小村落，彰化縣埔鹽鄉豐澤村的聚落格局，道路一如其他農村盤根錯節。聚落與農田唇齒依附，屋子外頭農田就是最平常的風景。而這樣典型的農業村落，從前卻有多戶農家經營另一樣副業——雞毛撢子。七十四歲的陳忠露先生，就是碩果僅存的雞毛撢子達人。

陳忠露已仙逝二十餘年的父親陳千，早年是如何習得做雞毛撢子這項手工藝？陳忠露揭開當年赤貧社會裡，存活在低下階層的人，卻創造出農村的經濟奇蹟之傳奇。在陳千的年代，每個村子生活都非常困苦，而淪為乞食無家無產的人，幾乎都以廟為家，例如他們村子的百姓公廟。乞食最活躍的日子是年節時候，陳忠露在童年時還見過乞討的人，後來社會經濟好轉，才慢慢不見乞食了。

說起乞食與年節，因為過年過節家家戶戶都要

樂天知命的陳忠露，與手工自製的雞毛撢子

製作好的雞毛撢子，
最後須拿至戶外晾曬

① │ ②
1. 陳忠露的雞毛撢子功夫已是庄內碩果僅存的技藝
2. 羽毛的好壞與特殊性，在在影響雞毛撢子的價格

殺雞宰豬。從前人們飼養的雞群幾乎都是放養，滿地亂竄找食，因此雞肉結實、羽毛色澤豐實華麗，不像現在圈養的雞。年節時候，乞丐們看見有人殺雞後丟棄的雞毛，就撿回去廟裡暫憩的家，有些人就自己把玩做成撢子。村人們會開始做雞毛撢子，就是從乞丐身上開始學習的，當時村裡幾乎家家戶戶都跟著乞丐學習。

庄內碩果僅存的傳統技藝

陳忠露小學時代、十來歲時，就跟隨父親學習駕駛牛車、綁雞毛撢子了。他說十七、八歲時，自己就踩著鐵馬去南投草屯撿拾雞毛，早年沒有垃圾車，雞毛的處理方式自然是隨處丟棄，要不就是當作農地肥料用。撿回來的雞毛清洗後，再晒乾，母親就開始綁成撢子。父親會把收成的菜頭和自製的雞毛撢子，挑擔走路到熱鬧繁華的鹿港去賣，那時候鐵馬一台得要幾百塊錢，貧窮的家裡根本買不起。一枝雞毛撢子售價三毛、五毛、一塊二毛不等，到後來如果一枝賣二塊三毛，算不壞的行情價格，一天如果能賣完就高興得不得了。父親二、三天綁一、二十枝雞毛撢子，一天來回鹿港，步行約花費四個鐘頭時間。

一直到陳忠露少年時代，家中才有鐵馬出現，他也開始走上父親的路，載著雞毛撢子去鹿港販賣。在他做生意的時候，有件印象深刻的事，當時雞毛撢子一枝賣二塊多，有位客人是一個美國遊客，一口氣買了十來枝，都沒有討價還價，這樁買賣讓他樂了一整天。陳忠露說，這是一種趣味性質大於賺錢的工作，收起來不做又很可惜，兒子們也告訴他不要做了，但是，陳忠露一想到從做雞毛撢子起家，實在捨放不下，他說這是一種生命意義，賺多賺少不要緊。現在整個村子，僅剩他還繼續經營著這個傳統產業。因為雞毛撢子工作需要人手，當時陳忠露的太太住在隔壁而來家中幫忙，父親告訴陳忠露說，這個女孩性情乖順有意把她留下作媳婦，後來果真成就了這樁姻緣。

陳忠露有三個兄弟，只有他追隨父親的腳步，貧困的年代無處尋工，唯獨村子裡家境富裕、擁有好幾甲地的地主，如果要做工賺錢，只有勤奮的佃農才能被選上。在陳千那一代，貧富差距無比懸殊。陳忠露笑著說，當時他建議父親不要做工，撿雞毛來做撢子就好，結果，在鹿港真的賣得不錯。從前鹿港很多佛具店、家具店，店面一早就要做清潔，雞毛撢子因此就派得上用場了。

陳忠露的太太一同幫忙
打理雞毛撢子事業

一手絕活

手工雞毛撢子

STEP 1

選藤條，作為雞毛撢子的枝幹，過去以刺竹削成竹桿，今多為進口藤條。

STEP 2

選雞羽毛，有公雞的尾巴羽毛、母雞腹部的短毛、公雞背部的羽毛、脖子的羽毛，甚至有稀罕的白色公雞羽毛。

STEP 3

一手握著藤條，一手沾黏雞毛，並一圈圈的纏線。

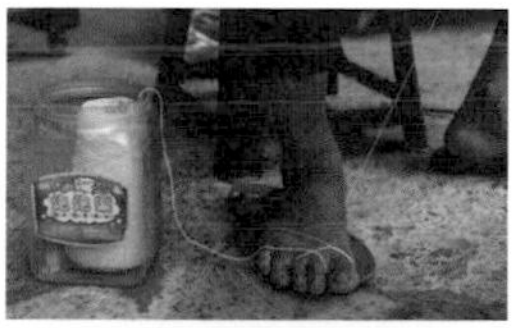

STEP 4

另外需手腳並用，不停的將雞毛均勻的黏上桿子，再運用一隻腳將纏線拉緊，牢固羽毛與纏線，拉緊了才不會鬆散掉。

STEP 5

手不停的旋轉，一層一層有耐心的持續纏繞至端頂。

STEP 6

製作後的成品，拿至戶外晾曬，等候黏膠完全乾合。

完成

完成一隻雞毛撢子。

雞毛撢子生意經

陳忠露退伍後，開始經營家中的生意，當時就僱用了十餘個幫手，也開啟透過貿易商做外銷生意，最主要外銷對象是日本的 Toyota 汽車廠商，買車送雞毛撢子。不同於撿拾雞毛的年代，那時製作雞毛撢子的雞毛都得花錢購買了，最大的雞毛原料來源是客家庄，客家人飼養的閹雞雞毛最漂亮，公雞閹割後不發情，羽毛長得較長而美麗。從收購最多的新竹新埔、竹東，直到旗山、美濃，他託請古物商去收購。當時生意做很大，不但請隔壁村莊的人幫忙挑撿雞毛，還僱請十幾個工人綁雞毛撢子。現在雞毛的收購少了，羽毛品質也沒有從前好，早已開始自國外進口。

陳忠露說西方人買的雞毛撢子與東方人不同，他們只要小而短的公雞短毛撢子，一次購買就是幾萬枝，因為是辦公室使用，幾乎是一次性的。

說起雞毛撢子的柄，父親陳千當時是取村子裡的刺竹，就地取材。早年村落裡的田壟到處種有刺竹叢，容易取得。竹子取回後，晒乾，挑成熟的竹桿，剖竹修成圓柱狀，太嫩的竹子會淘汰掉，因為易折斷。

雞毛收購的品質，攸關雞毛撢子的價格

經常有媒體訪問陳忠露與他雞毛撢子的製作

陳忠露二十幾歲時，西螺鎮有一家賣藤條的專門店，那是趕牛耕田用的，陳忠露請店家幫他修成他要的長度；三十幾歲時，開始自印尼進口藤條，印尼藤條不需要修飾，只要裁長短。台灣沒有產藤，只能從栽種藤的印尼購進。

家具店、嫁妝、新居落成等，成為後來雞毛撢子的銷路大宗，尤其嫁娶。昔日女兒出嫁風俗裡，按照古禮需要搭配十二項嫁妝，最重要的就是雞毛撢子，因為它代表著「起家」的重要意義。從前，買轎車也是一件大事，買了轎車就要搭配一枝雞毛撢子。陳忠露提及有一位住台北的女孩子要出嫁，女孩說媽媽出嫁時候的嫁妝有雞毛撢子，她也要遵循古禮買一枝雞毛撢子陪嫁。

從中領悟生命的意義與樂趣

生產製作撢子最怕遇到下雨天，因為雞毛上膠後需要曝晒。撢子的製作方式，先取藤條，然後纏線，線可以用漁線或縫合飼料袋的線，以及裁縫的用線。從前使用的膠是天然的紅色樹脂，有人從山上採回來賣給陳忠露，買來泡軟後即可使用，不像現在使用的化學樹脂。至於製作撢子的祕訣，陳忠

尋師 INFO

陳忠露雞毛撢子
地址／彰化縣埔鹽鄉豐澤村埔打路2巷8號
電話／（04）8850262
營業時間／請事前電洽

陳忠露從製作雞毛撢子中，悟得知足常樂的生命意義

露說，製作雞毛撢子沒有訣竅，耐心最重要，只要有耐心，製作出的雞毛撢子一定完美。現在購買雞毛撢子的顧客，以個人和店家為主要，多以郵購方式購物。也有學校來此戶外教學，他教學生DIY。

四、五十歲時，陳忠露還曾載雞毛撢子至台中豐原販售。這些年，老顧客已經對他的產品有口皆碑，也不需要再四處奔波。時至今日，一枝大的雞毛撢子最高售價達四、五百元，小枝的售價二十元起跳，價格不一，尤以雞毛品質好壞為售價依據。他的屋埕滿是雞毛撢子成品，有公雞的尾巴羽毛、母雞腹部的短毛、公雞背部的羽毛、脖子的羽毛，還有稀罕的白色公雞羽毛，琳瑯滿目的雞毛撢子，成為一幅特殊的風景。

一生與雞毛為伍，陳忠露上過六年小學，三年夜間中學，不曾離家從事他業，自困蹇的年代走來，他從製作雞毛撢子中找到樂趣，也因此使他知足常樂。

在戶外晾曬的雞毛撢子，形成聚落內特殊的風景

Ice Shop 07

不只是賣冰——幸發亭，蜜豆冰的回憶

有八十年歲月的幸發亭蜜豆冰，老滋味依舊延續下去民國二十七年，陳溪先生推著手推車賣冰；民國三十二年，落腳台中第一市場，火災遷移至第一廣場（現改名為東協廣場）；民國一百零三年幸發亭旗艦店誕生，至今八十年。

「年月把擁有變做失去，疲倦的雙眼帶著期望」第二代媽媽二十二歲嫁進來後，即開始經營冰店，現在年過七十，說自己已經老了，再也搬不動重物了，冰店交由小孩管理，自己則到第一廣場（現為東協廣場）賣手錶、飾品、內衣。雖然全權交給孩子經營，每天早上還是會買好新鮮水果帶來店裡。心裡總是牽掛這間冰店，冰店陪她度過大半輩子，即便放手，心仍牽掛，母親對於冰店的感情始終割捨不下，依然期望幸發亭如往常一樣，能夠帶給顧客吃冰的快樂。

現在幸發亭旗艦本鋪的經營者陳薇竹，從小和阿公住在一起，因此對他影響很深。「以前阿公總

陳薇竹老闆娘努力擦亮幸發亭的老招牌

第二代老闆娘雖放下管理權，但仍心繫老顧客

古早味燒麻糬，令許多人感動

說：『我出去玩，誰出去倒冰？』」阿公守著冰店，絲毫不敢放鬆。身體隨著年紀老化，出了問題，即使得了大腸癌，也不願放下冰店的事物。老闆娘說：「阿公去世之前還在倒冰。」阿公對冰店的情誼深深影響自己。

以往三代同堂的家庭，注重家庭的凝聚，幸發亭走過三代，已是家裡每一份子齊心努力而來，阿公含辛茹苦經營幸發亭，自己看在眼裡，也想為幸發亭出一份心力。

「那不是我願意擁有，一小片僅存的天空。」隨著大火延燒，中區沒落、不斷的遷移換址，老客逐漸流失，規模愈做愈小，客人總以為幸發亭倒了，或者覺得規模漸小的幸發亭不是以前熟悉的幸發亭了。在老闆娘國小全盛時期，幸發亭規模大、客人也多，爸爸經營得有聲有色。民國六十、七十年的中區，繁華如現今七期，小時候一天一萬碗不是問題，只怕供不應求，不怕沒人求。而今一人站好一個位置的流水線賣冰方式，已不復存在。

如燙手山芋沒人想接手的幸發亭，爸爸找回陳薇竹老闆娘，連帶拉攏家人，開回一家家分店。「慢慢的拼湊，慢慢的拼湊……」東協廣場附近的幸發亭交由阿姨管理，新移民附近的冰店，許多台灣人早已遺忘那塊地方，原本的老店已少有人光顧，而南投寶島時代村店，則為陳薇竹打開了新的契機。

「我有花一朵，長在我心中。」射手座的老闆娘對冰店充滿熱情，在南投寶島時代村打拚一陣子後，業績達標，心裡滿意並信心增加，決定重新選址，回到幸發亭的起家地開旗艦店，重新將品牌做起來。旗艦店的規劃交由吳傳治先生全權打理，包含室內裝潢、品牌LOGO、整體氛圍營造，終於在過往的土地，發芽茁壯。土壤經過寒冬需要重整、鬆土，幸發亭也一樣，從台南搬來復古老式窗花、地磚鋪設、老屋美顏，旗艦店以新的面貌重新遇見老顧客。菜單的更新，蜜豆冰裡增添蓮

①｜②
④｜③

1. 寬敞的空間，以復古又現代的設計，營造今昔時光的交融，讓吃冰成為一件幸福的事
2. 古早味的鑲花地磚，令人走入店內彷如回到過去
3. 重返台中市中區，幸發亭打造舒適空間，讓吃冰也能是高級享受
4. 刻意裸露的牆面小地方，看得出設計的用心

子，不僅如此，老闆娘自行研發燒麻糬。原本附帶的茶，因配合較高年齡層的客群，夜間喝茶容易睡不著，而改成豆花。

歷史悠久的幸發亭，從日治時代至今，見證台灣大小事。老闆娘也曾在店裡遇過「灣生」。日本戰敗後，日本人將台灣原有的東西留給台灣人，孑然一身返回日本。灣生再次來到台灣，也會想起這樣的冰店，一間以日本蜜豆冰為本，台式變化的冰品。蜜豆冰由日本四果冰加十多種配料盛製，西瓜、蘋果、香蕉三種必備的水果基底，西瓜為當季水果，香蕉台灣盛產，而蘋果在當時則是高檔水果，老闆娘說，只有生病的時候才能吃得到蘋果，也因此蜜豆冰走的是高價位，小孩總是要存好久的零用錢，才能吃上一碗。甚至，吃蜜豆冰也成了逢年過節的慶祝儀式，在特定節日吃一碗蜜豆冰，代表的是幸福。

「我們要飛到那遙遠地方看一看……」當時流行去美國留學，幸發亭旗艦店開幕，一方面也為了服務老顧客，那

不少老顧客以緬懷的心情走入
幸發亭，吃上一碗蜜豆冰

一個角落就是一場時光回憶，
除了口中的滋味，內心也能裝
滿甜蜜蜜的回憶

一手絕活

來碗幸發亭 招牌古早味

STEP 1
令人食指大動的醒目菜單，喜歡吃什麼就下單。

STEP 2
結帳後挑一個適合自己的角落，現代感或懷舊風，任君選擇。

STEP 3
點上招牌燒麻糬，老闆娘馬上現煮，美味不打折。

STEP 4
燒麻糬配上特製花生沾粉，特別香濃可口。

STEP 5
餐點種類多樣，可依喜好挑選，點餐後隨即迅速出餐。

STEP 6
送上客人的餐點，吃冰不止是吃冰，也是一貫的服務精神。

STEP 7　滿滿一盤幸發亭燒麻糬或蜜豆冰品，是乘載八十年的老情誼與好滋味。

些從美國回來的客人，因為懷念家鄉的冰品而來到幸發亭，常常在店內一邊吃冰，一邊落淚。老闆娘看到吃冰吃到流淚的客人，讓她繼續保有「好還要更好」的動力。客人喜歡和老闆娘互動，有時，客人不是來吃冰而是為了敘舊，如果老闆娘不在，便也不想吃冰了。吃冰總要聊上幾句，講講從前，談談歷史，聊聊當時的老台中。那些歸國的顧客，總告訴老闆娘海外的新鮮事，以及不曾聽說的奇葩故事和知識，老闆娘呆呆的問他們：「你們怎麼知道的啊？」客人簡單一句：「看書啊！」回覆。也因為在台中學區附近，或許幸發亭的客人冰雪聰明，能留學、能回鄉服務，伴隨著老滋味，回顧老台中，總能串起成長的記憶。

在幸發亭吃冰，最難能可貴的畫面便是「三代同堂」。祖父母帶著爸媽，爸媽帶著小孩，一起來幸發亭吃冰。往往一來就是十幾人的大陣仗，舉家上下，老中青三代，點一盤蜜豆冰，小孩陪著父母親與祖父母回到兒時，在陪伴的當下，也留下自己的兒時，就這樣三代人的兒時記憶，同時在幸發亭連結而成，他們吃的不是冰，吃的是鄉愁。

有故事的冰店，不只是吃冰。情感的記憶就像蜜豆冰裡的香蕉油，是傳統冰品不可分割的一部分。老闆娘不知道為甚麼冰裡總要淋上香蕉油，「從小就看著阿公倒香蕉油」，這也是蜜豆冰所承載的記憶，很多事情無法解釋，可是必須存在，如果少了一味，也就全盤皆失。

尋店 INFO

幸發亭蜜豆冰本鋪

地址／台中市中區台灣大道一段137號（靠近自由路）

電話／（04）22293257

營業時間／週一至週日・上午十點三十分～晚上十點

按讚資訊／1938年幸發亭發源於台中第一市場，招牌蜜豆冰已陪伴大家走過八十年時光。

一碗蜜豆冰，盛載不同世代的回憶

Cake shop 08

目光如炷，第五代的年輕氣息——陳允寶泉

「時光寶盒」融合了陳允寶泉百年來的精神，並在新一代的傳人手裡綿延下去

寶泉漢餅五代傳承

漢餅的歷史悠久，從古至今，歷經不斷演變與改良，漢餅糕點已成為文化的一部分，古典文學中亦融入漢餅文化。漢餅在台灣更是推陳出新，融合中西方糕餅技術，發展出多元的新風貌與新風味。陳允寶泉創立於西元一九〇八年，便是其中一例。

清末時期，一台扁擔擔起一家家計。第一代陳允先生在豐原三角街起家，開始賣起糕餅。日治時期，第二代陳金泉先生帶著僅有的三十一元和一包違禁品糖往日本工作。在日本學習製作大福麻糬的技術。學習階段克難地在街上販賣，期望天公作美，不能下雨才能賣光製作的糕點，維持一天的生計。後大福麻糬受到日本人欣賞，一九四三年，陳金泉先生便在日本東京成立「寶泉製菓本鋪」。

第三代阿公陳增雄先生，在台中豐原糕餅街成立「寶泉餅行」，並以專業技術改良台灣傳統月餅。阿公有感於台灣傳統月餅太大，不方便食用之外，也常吃不完浪費，決定精緻化台灣傳統月餅，改以小月餅的姿態出擊，聲名大噪亦成為日後中秋產品主力。

陳允寶泉的三大特色漢餅，小月餅、御丹波、

小月餅是陳允寶泉非常知名的產品

雖然近年漢餅不斷研發創新，但陳允寶泉仍守住漢餅的傳統口味

陳允寶泉第五代傳人不僅年輕有抱負，員工們也都開朗有活力，
客人都能感受賓至如歸的接待

蛋黃酥。其中御丹波曾在一九八五年獲得日本天皇賞的榮譽。寶泉是小月餅的創始店，卻不只是想賣小月餅。

第四代父親陳坤宏先生，在家人支持下赴日本學西點，回台灣後結合所學研創新糕餅，研發的「露之菓」，麻糬表皮融合泡芙及鮮乳酪，創造新的寶泉味道。百年過後，陳允寶泉的革新研發，發揚了糕餅的精神。

第五代接班人陳睿智，現階段還在學習，承襲祖傳祕方、把做麵包的底子打扎實，跟著師傅邊做邊學之外，希望有天也能和父祖輩一樣，做出屬於自己的產品。研發產品先擺在後頭，品牌定位和轉型是當務之急。陳睿智在國小畢業後，到澳洲讀書六年，回來後驚覺原本興盛的自由路卻像死城一般，毫無生機。一種責任和使命湧上心頭，接手陳允寶泉，在老一輩人熟知的自由路總店持續經營下去之外，另外選址草悟道，在年輕人的聚集地拓點，讓更多年輕人認識陳允寶泉，是第

陳允寶泉百年傳承

第二代陳金泉在日本創立的寶泉製菓本鋪

寶泉製菓本鋪全體職員合影。圖中第一排右三為陳金泉

寶泉製菓本鋪師傅製作大福麻糬

寶泉製菓本鋪師傅工作情形

／老照片由陳允寶泉提供

創立於西元一九〇八年，從清末至今，五代傳承。第二代陳金泉前往日本學習製作大福麻糬的技術，並創立「寶泉製菓本鋪」。戰後，陳允寶泉歷代皆持續研發糕餅，年輕的第五代陳睿智回國後也投入糕餅製作與創新，承襲陳允寶泉精神。

陳允寶泉第五代陳睿智從基礎學起，唯有完全了解寶泉產品的製作，未來在糕餅這條路上才能更上一層樓，研創更符合消費者的產品。

從基礎做起，第五代陳睿智沒有特殊待遇，與員工一起在廚房做餅

①　②
③
④　⑤

1. 陳睿智熟練的手捏蛋黃酥餅皮
2. 放入蛋黃
3. 輕輕包覆餅皮
4. 力道剛好的捏出蛋黃酥渾圓的外型
5. 顆顆等待烘焙的蛋黃酥

五代陳睿智最想做的事。小時候和同學說家裡是「做寶泉的」，同學總問：「是新光保全嗎？」陳睿智店長在內心萌芽為寶泉盡一份力的想法，希望保留陳允寶泉這間老店外，也能將之發揚光大。

轉型是唯一的活路

二十幾年前，客人多、產品多，常常東西做出來，是一整車的產品都包下。「以前只要產品做得好，現在東西好之外，還需要行銷。」經濟模式的轉變，影響了寶泉的營運。第三代阿公時代，漢餅選擇少，現在廣且多樣。年輕人喜歡花俏、拍照好看的食物，多數偏愛西式糕點。西點外型好，義式提拉米蘇、法式檸檬塔、英式馬芬蛋糕……風格種類多，花樣百出，變化多端，深受年輕族群喜愛，拍得好看還能放上社群網站。反觀中式糕餅，樸素且呆板，非圓即方的外型，口感雖扎實，外觀卻不甚討喜。中式糕點的一成不變，在全球化的潮流下慢慢失去競爭力，除了口味之外，注重糕點本身的形狀也成為注目焦點。中式糕點外觀變化少，多為印壓在漢餅上的字樣或圖騰，常為龍鳳圖案、「囍」字、店家名稱等，與西式糕點相比下，就顯得普通和守舊。在現代社會網路和資訊發達快速之下，已鮮少有人注意的傳統漢餅糕點，轉型成為唯一途徑。首先得先讓漢餅好看起來，再通過手機社群行銷，拍照打卡主流的環境之下，網路吸睛度高，顧客自然會實際走訪採購。第五代店長陳睿智，現在整個心思都在營運店上，曾經為了陳允寶泉，親自做過市場調查，發現現在年輕人在意食物是否美觀，是否能放上facebook、instagram等社交軟體。相比電視行銷、發傳單行銷、廣播行銷來得更精準、到位。「想辦法讓更多的人知道你。」陳睿智自信的說，那是重要的事。

創新台灣日式風格

不只改良糕餅本身，店鋪的風格也大裝修。一般傳統糕餅店，多為大紅色，紅色象徵喜慶、吉祥，這樣的大紅色在現代也慢慢在改變，長輩紅不再是主流，年輕人對顏色選擇接受度高，且不拘泥於傳統。現代改良後的餅店，不再顏色上守舊，鮮明或樸素的色彩都能採用，搭配整體風格進行調整，打造餅店自家風格為上策。陳允寶泉草悟道店即裝修為台灣日式風格，融合京都與台灣的元素，

（左）產品不斷改良與創新，包裝也與時俱進
（右）以傳統布巾包裝，結合新穎的設計，開創高感受的糕餅視覺效果

五代傳承好味道

漢餅的市場因為西洋糕餅蓬勃發展，而產生變化，歷經挑戰的漢餅世界，也因而創新多樣起來。陳允寶泉在求新求變之中，傳承五代製作糕餅的巧思與創意，尤其展現在一款「時光寶盒」之中。

「時光寶盒」以時間軸的概念，將陳允寶泉從早期到現今的經典產品組合成為禮盒，可以吃得到百年時代的滋味。

以日本北海道鮮乳和老牌丸久小山園抹茶粉融合而成的抹茶生乳捲

屹立百年的寶泉品牌

以經典產品御丹波為主的禮盒

月之露，擁有雋永的命名，以大福、泡芙、提拉米蘇慕斯三合一的完美組合

創新口感的夏威夷豆豆塔

外觀上沒那麼容易認出是一家餅店，走進去方能感受香氣撲鼻。

「每一個人的豬排都是脆的」，可是豬排多脆、多特別，如何成為與眾不同的豬排，就得用心研發與嘗試。陳允寶泉的漢餅也是，提升自家產品的優越性，吸引年輕人目光，固有客群之外，開發新客群。原來高單價的產品，客層狹小，多為三、四十歲，主要買來送禮。陳允寶泉也曾當過「糕餅雜貨店」，一家店內有三、四百種產品，改良後必須將產品精簡，專攻特色主打，不能使注意力分散。不同階段的創新不同，衝擊上一代人，不需要堅守無謂的傳統，留下好的糕點製作方法，行銷創新交由第五代的他，建立起SOP，改變的方式不同，然而自我的堅持卻是相同。

陳允寶泉的轉型也曾有衝突。陳睿智的阿公還是喜歡既有的樣子，父親和自己希望寶泉能夠有新風貌。「現在注重品牌概念」，陳睿智說出轉型升級後對陳允寶泉的想法。阿公已經放手讓父親、姑姑去做，豐原的寶泉是姑姑在經營，陳允寶泉的品牌是父親立下，自己則和哥哥努力去經營品牌。哥哥擴展台北市場，台北車站、台北101等都有設櫃專賣伴手禮，而自己留在台中打拚。雖然沒有遇到太大的波折，陳睿智的媽媽曾問過，是否還想繼續做，如果選擇不做，陳允寶泉將結束。對於百年老店的生存，陳睿智不希望就這樣結束，自己也有心延續陳允寶泉的精神，五年前回國，一心將品牌做起來，是否能繼續升學不是第一優先，讓陳允寶泉穩定下來，是他現在最想看到的。

陳允寶泉草悟道店採台灣日式的建築風格，座落在中興一巷街角，一樓除了傳統糕餅、太陽餅、鳳梨酥之外，也有販賣麵包、手工布丁及各式果乾。旁側和式裝潢的放鬆休憩區，提供顧客安心挑選喜餅與彌月糕餅的所在。二樓另闢「允泉茶庵」，以榻榻米為主的自家休憩空間，喝茶佐糕點外，也能徹底放空自己，用一杯茶的時間讓自己沉澱下來。二〇一九年四月，陳允寶泉搬遷草悟道店，進駐國道南北向泰安休息站，期盼旅人們在途中也能享受到用心製作的糕餅風味。

①｜②
　｜③

1. 店面風貌，與時代同行，融合漢和風格
2. 陳允寶泉自由總店內的展示，提供消費者一個舒適有質感的空間
3. 寶泉經典糕餅丹波酥

尋店 INFO

陳允寶泉（自由總店）
地址／台中市自由路二段36號
電話／（04）2222257
營業時間／上午十一點半～晚上九點

台北101專櫃
地址／台北市信義路5段7號B1
電話／（02）8101-8515
營業時間／周日至周四・上午十一點～晚上九點半
周五、周六及國定假日前夕・上午十一點～晚上十點

微風台北車站
地址／台北市中正區北平西路3號1樓
（南二門旁）
電話／（02）2361-0963
營業時間／上午十點半～晚上十點

陳允寶泉（國道南、北向泰安休息站）
地址／中山高速公路泰安休息站
電話／洽自由總店
營業時間／上午九點～晚上九點

Carving shop 09

陳彫刻處

不允許退休的傳奇手藝——

陳文才師傅年紀小小就承襲父親木藝，見證雕刻與時代互動的歷程

再鋒利都需基本功

保存有很多方式，「陳彫刻處」，以任何形式延續手藝、文化和傳統產業的記憶。

「這個刀鋒使用過後都需要再整理。」早晨十點，藏身在日日新大戲院附近巷弄的陳彫刻處，陳文才師傅正用磨刀石細心整理一把把雕刻刀，這是見到時，他說的第一句話。站在旁邊看著師傅磨刀，兩隻手併攏著，速度平均的前後來回推磨。三把刀具——斜口、平口、圓口，只要會使用這三把刀具，就能完成一半以上的雕刻作品。

陳文才的祖父為民前詩人陳柏樵，曾於大甲創立私塾「陶社」，是當時台中著名的漢學老師。祖父的子弟很多，疏於照顧家庭，爸爸陳珍承擔家計，學習雕刻技術，除了自己有興趣之外，習得一技之長也能維持生活。陳珍師傅出師後，便為富裕家庭做嫁妝、梳妝台、雕花等。嫁女兒在當時需要早一年做準備，而這些嫁妝雕

有斜口、平口、圓口
三把刀，即能完成人半雕刻

陳彫刻處三代傳承

刻活，也哺養了陳家大大小小。

陳文才師傅初中（現為國中）一年級輟學，開始和爸爸陳珍學習雕刻。那時爸爸身體不好，哥哥姊姊比較會讀書，而他笑著說，自己對藝術比較有興趣，那就讓他延續爸爸的家業。從小在雕刻店長大，對環境熟悉，像是生活的一部分，爸爸需要他幫忙，陳文才師傅輟學習藝，退伍後正式接下店裡的大小事務。

緊扣時代脈動

陳彫刻處總是和時代緊緊相依。市場需要什麼，他們就提供什麼。民國四十年以前，雕刻訂單多外銷至日本，主要雕刻作品為欄間。欄間（らんま）來自日文，是透氣窗的意思。那時師傅木工、雕刻、木作是一整套施作，承接了一個案件，就是整個團隊一起完成，不像現代社會分工精細。

民國四十年代後，時代變遷，彫刻處的訂單轉為內需。台中的製餅產業發達，餅模需求量大，因而常與台中糕餅業合作，美珍香、太陽堂、一福堂都是師傅的合作對象。糕餅業和彫刻處相互依存，餅業提供圖案給雕刻師傅，由雕刻師製作餅模，陳文才師傅說，那時人和人之間相處融洽，製作餅模的時候，總是能幸運地吃上幾口餅業送來的糕點。

陳文才師傅退伍後，正式接棒陳彫刻處，爸爸陳珍從旁指導。從此之後，彫刻處進入了匾額的全盛時期。以台中為中心，北到新竹、南到高雄，匾額雕刻應接不暇，台南孔廟的「全臺首學」、日月潭的「玄奘寺」，都是出自陳彫刻處。師傅說，那時日月潭環潭公路尚未建成，玄奘寺的匾額還是搭著小船接駁，再由人力爬山運上寺廟的。承接大量

陳文才的父親陳珍全家福舊照／陳彫刻處提供

陳珍在陳彫刻處外與作品合影／陳彫刻處提供

1. 製作的餅模，在陳文才手上也有不同想像
2. 糕餅業景氣時，餅模需求量大，陳彫刻處也承接餅模業務
3. 陳彫刻處回收的匾額再利用

的匾額訂單，有的字寫好了送給師傅雕刻，有的請師傅寫字，這才發現，陳文才師傅血液裡的文學魂。祖父是詩人，從小學習書法，師傅寫得一手好字，在製作匾額閒暇之餘，師傅也有自己的興趣，利用瑣碎的時間雕刻立體人像，邊工作，也藉由立體雕刻磨練技術。

民國六十年代，政府政策影響，新竹出現了小型工業區，加上聖誕燈泡熱銷，師傅便接了許多聖誕燈紙盒的刀模製作。以前開刀模以人工居多，主要用線鋸，人工線鋸必須鋸得準確，尤其是許多九十度直角的地方。工業進步後，現多以雷射的方式處理。

陳彫刻處回收的匾額

一手絕活

立體雕刻製作

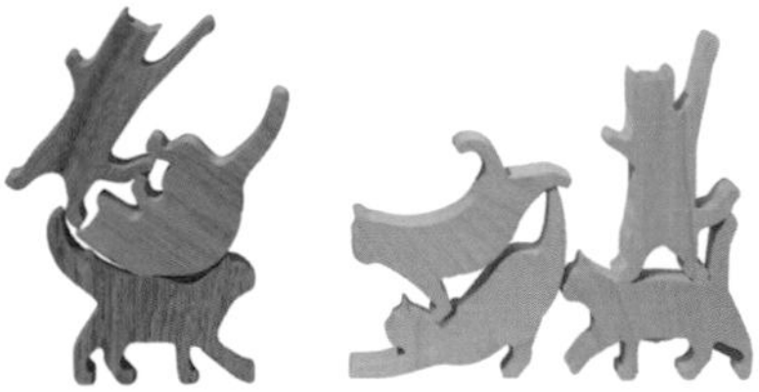

STEP 1
工作桌備妥工具，鑽頭、鋸子、雕刻刀具等。

STEP 2
選擇適當的木料與尺寸。

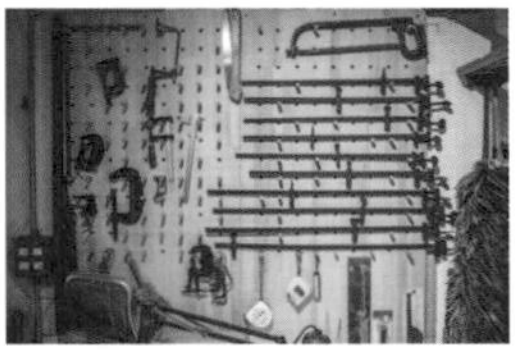

STEP 3
在心中描摹圖像，依據數十年的經驗，先以大機具剪裁想要的尺寸與外型。

STEP 4
眼到手到，專心一致，在工作桌上一刀一刀的彫刻，逐步完成想要的形制。

STEP 5
木盤的曲線與凹凸線型，在刀下漸漸立體起來。

STEP 6
最後完成木盤。

STEP 7
進行立體雕刻，平安花
瓶在手上逐漸成形

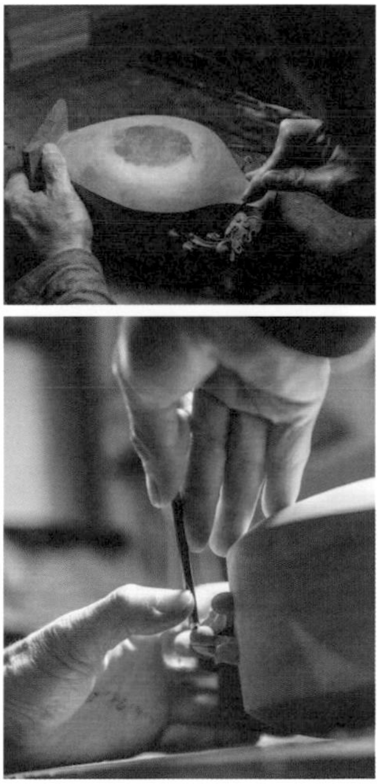

STEP 8
細部的雕刻處理，使植物形
態栩栩如生的展現。

STEP 9
即使深入死角也毫不馬虎，選擇更尖細的刀具。

完成

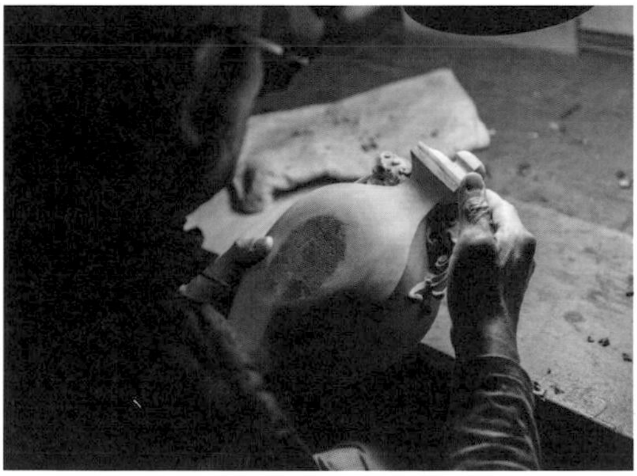

STEP 10
立體造型的木藝作品慢慢完成。

享受雕刻慢活

陳文才師傅說，陳彫刻處是市場需求什麼，就做什麼。也是因時代的趨勢，陳彫刻處至今八十餘年，還能持續它的老靈魂。傳統木雕產業市場快速萎縮，工資提高、工業化的普及，手工木雕的需求大量降低，讓陳文才師傅萌生了退休的想法，這時，兒子才意識到彫刻處的存亡。雖然意識到的時間有點晚，陳文才師傅已經想要退休，手藝卻不允許退休。工業設計背景的兒子和太太，接下了陳彫刻處的大小事情，讓爸爸陳文才選擇自己喜歡的工作來做。現在的陳彫刻處，是做自己想做的事情，營利拋在腦後，保留和延續傳統手藝是關鍵，不勉強自己馬上學會，但要一步步地慢慢從中學習。而生活型態的改變，不再需要賺取大量金錢，陳文才師傅改以享受的方式雕刻木工，特殊匾額製作、廢棄匾額改造傢俱，接案開始以興趣為主，每一次的接案都是一次挑戰，在變化多端的雕刻世界，找到了自己喜歡的緩

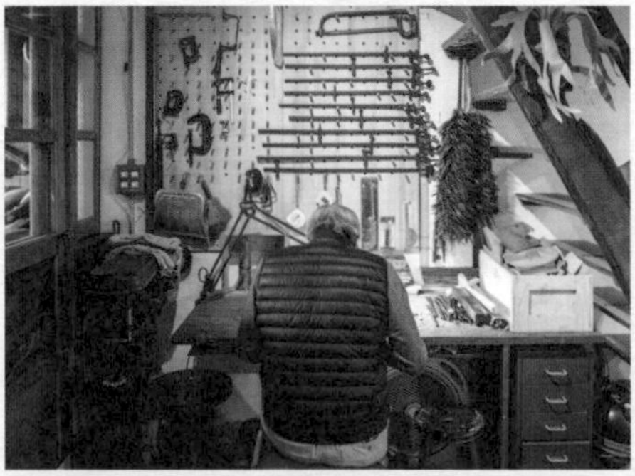

①
② | ③

1. 陳文才在工作桌前工作情形
2. 近年接案以興趣為主，陳文才樂在其中
3. 立體雕刻是陳文才近年創作的重心

① ②
③

1. 木湯匙文創商品
2. 以 COMMA 為品牌的熱銷文創商品之一
3. 陳文才正與兒子陳希彥討論木藝技術與觀念

步調，享受工作的樂趣。

木頭和人生一樣，不能「得理不饒人」，了解木頭的個性和人一樣，需要對話、溝通。寸木不知心，木頭和人一樣，人的思緒複雜，木頭的紋理也複雜。人的情緒需要安撫，木頭也是，否則木頭也會擺個臉色給你看。雕刻時，要看感覺，木頭是個有生命溫度的素材，順著木頭紋理雕刻，也要依循感覺才能雕出好作品。感覺、感情，銜接了陳彫刻處這間店。陳文才師傅不允許守舊，傳承對他來說，是認識新的東西，了解年輕人的想法。既然禁不起時代的轉變，被時代需求淘汰，那就不允許守舊，接受新的世界。如果年輕人想要學習傳統木工，陳文才師傅也不藏私，都互相給一個機會來了解雕刻這門技藝。

COMMA 不句點

第三代陳希彥和太太韓惠菁接下陳彫刻處，結合自己市集擺攤的興趣，碰巧的機緣，讓陳彫刻處有新的轉型。「COMMA」是逗點，是未完待續，象徵陳彫刻處還有未來，不管是以什麼樣的方式延續著，店、記憶與文化皆不失傳。COMMA品牌圖裡，包含著樹苗，樹苗代表陳雕刻的根，老樹新枝，將會不斷壯大。工業設計結合木頭的產品，藉由參展帶出品牌，讓更多年輕人認識陳彫刻處這間老店，再藉由「換工」的方式，與年輕人相互學習。「每個人會的東西很有限，無法全心參與其中，需要不斷地和人交流。」韓惠菁這樣說著。老店有它的包袱，傳統產業沒落，無法成為經濟後援，而透過網路媒體認識老店，也讓陳彫刻處慢慢改變中，讓更多年輕人走進來，他們帶來新的東西，彫刻處也給他們新的啟發。現代社會能有多快速，就必須多緩慢。

「陳彫刻處像家人，以前他養我，現在我們養他。」承載著陳家四代記憶的故事，陳希彥希望可以從這裡體會祖父和爸爸的堅持，以及那個時代，透過陳彫刻處，從過去找到未來存在的契機。

尋師 INFO

陳彫刻處
地址／台中市中區仁愛街8之7號
電話／0936827189
營業時間／週一至週六・上午九點～下午六點
週日請電洽預約

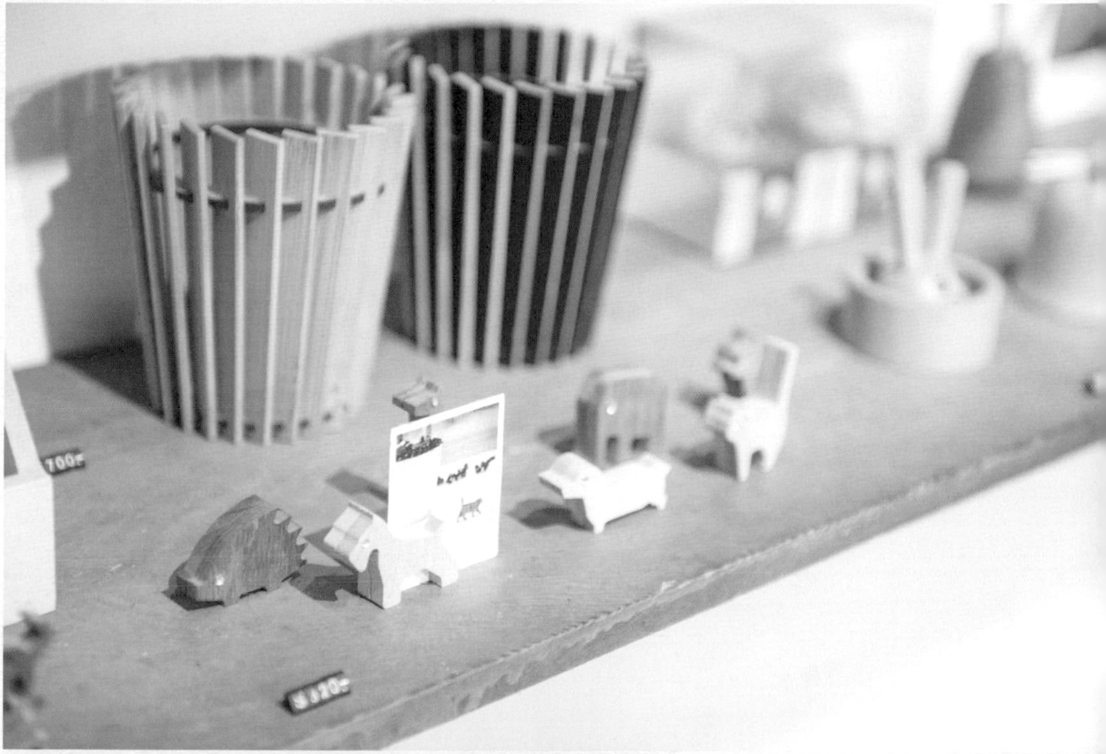

①
② ③
④

1. 陳彫刻處近年朝向木藝雕刻文創商品發展
2. 陳彫刻處立架招牌
3. 店內的文創商品陳列
4. 傳承三代，陳彫刻處的雕刻木藝跟著時代脈動

Mochi Shop 10

方與圓——正莊麻糬

刻苦的發跡之路

從曾祖父莊清隆開始，莊家的兩項手工食品即在西螺鎮發跡，進而發光，一項是醬油，另一項則是麻糬。

第四代傳承者、現年四十七歲的莊孟釗說明，民國六十三年，他的父親莊英宗正式登記正莊麻糬的店名，而更早以前，他們早已經過數代的歷史。曾祖父莊清隆有兩個兄弟，一個創立丸莊醬油，丸莊的丸字在日語裡是圓的意思，父親莊英宗為了區隔丸字，遂取名了正字，即一方一圓。日治時代，

正莊麻糬，西螺招牌名產之一

曾祖父莊清隆和莊清臨二兄弟就已經分家，丸莊的創始人莊清臨，彼時已經成立株式會社，而莊孟釗的曾祖父，則走另一條甜品的路，手工製作的糖、糕餅類。當年莊清隆兄弟倆，一動一靜，莊孟釗的曾祖父比較守成，不輕易投資，但創立丸莊的莊清臨則會藉由融資，積極去投資其他事業。

莊孟釗的曾祖父最先開始從事的，是製作麻糬和糖果、肉餅等食品，依節慶或節日而開發，種類非常多樣，其中比較大宗的是花生糖。後來日本政府開始管制糖、米，生意一度經營不易。阿公莊武接手後，莊武在四個兄弟中排行第二，婚

正莊麻糬屹立西螺鎮上數十載，是好幾代人的古早味甜點記憶

① ②

1. 好吃實在的麻糬產品，獲得顧客的肯定

2. 製作起來看似簡單，卻充滿無限心意與歷史感的麻糬

1. 嚴選濁水溪圓糯米，成就正莊麻糬的好口感
2、3. 不同造型的麻糬，帶來不同的美食視覺效果

後，莊武生養六個兒子。莊武與兩個弟弟一起吃大鍋飯，共同打理事業。但家族分家後，莊武因故變得一無所有，幸獲姑婆伸出援手，將正莊現址隔壁的竹管仔厝，借予阿公棲居。

莊孟釗的母親林春枝聽說，從前曾祖父自己在家推石磨，做豆餡，製作少許麻糬放在衣襟裡，到處兜售。莊孟釗說，後來小叔公和兒子就純做紅、綠豆餡、豆粉的生意，正莊的麻糬餡料源頭，就是叔公製作的。爾後，無人承繼，因此叔公的事業就此終結。早年，叔公家磨豆粉的機器，就是曩昔碾米廠的巨大木造機器。阿公的三兄弟，功夫最好的是大伯公莊文，他的紅龜粿可以將動物捏得維妙維肖，而小叔公功夫也是了得。當然，這些好功夫都是他們自身憑藉努力學習而擁有的本領。

重新找回手藝相傳的溫度

在西螺鎮昔日最繁榮的「市仔頭」，如果現在問七十歲以上的耆老，說不定還有人認識莊孟釗的阿公和父親。莊孟釗的父親因為要養家，所以放棄了原本可以走的另一條路。說起正莊的麻糬之所以突出，是因為莊武和莊英宗做麻糬的功夫，都來自於姑婆傳授的手藝。最早，莊清隆婚前販售的麻糬，皆來自於他的妹妹（莊孟釗的姑婆）手作。民國五十年左右，莊英宗退伍後經歷許多職涯，包括在丸莊的工作，但一路走來並不順遂。於是，莊英宗回頭思考後，決定重起爐灶，自己再從製作麻糬出發。一開始就是借住在隔壁的竹管仔厝，所有販賣的商品，都在這個刻苦窳陋的空間製作，除了麻糬還有麥芽酥等，每天都得戰戰兢兢做生意，如果今天有收入了，才有錢購買明天的原物料。製作餡料的爐灶，是用粗糠加熱起火，莊孟釗的母親說，幾乎是「目周扒金」（睜開眼睛）就要幹活了。一早就得備料，糯米經石磨磨出漿後，攪拌，然後裝入米粉布袋用石頭重壓，瀝出水分成粿脆，再用竹籠蒸一次，復於鍋爐內攪拌捶至軟Q為止，接著開始包餡料捏製麻糬。

一手絕活

世代相傳作麻糬

備料

STEP 1
採用濁水溪圓糯米，作為麻糬皮的主原料。

STEP 2
浸泡糯米到適合磨漿的狀態。

磨漿

STEP 1
磨漿後的糯米瀝乾，等待作為製作麻糬皮的原料。

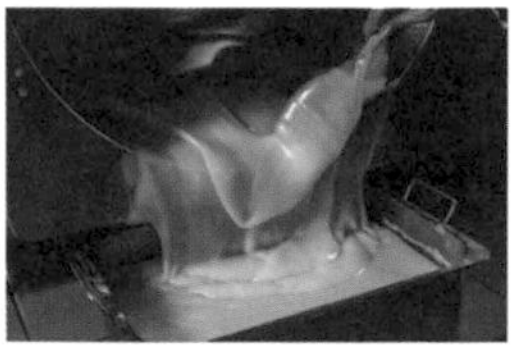

STEP 2
製作自家獨配的外皮配料。

攪拌

STEP 1
糯米粉與自家配方進行揉合。

STEP 2
製作的麻糬皮料有自家獨特 Q 彈的口感。

STEP 3
外皮充分沾染滑粉。

作餡

STEP 1
實在的料餡不可少，正莊麻糬有紅豆和土豆等內餡。

一手絕活

STEP 2
遇有大量訂單，則以上機包裝，以一貫作業進行包裝作業。

STEP 3
如果是花生粉口味，則另外沾染粉料。

STEP 2
捏成丸狀的內餡，準備好進行手工包料。

STEP 3
正莊麻糬包裝後，大功告成。

包裝

STEP 1
完成的麻糬進行簡單的套裝。

捏製

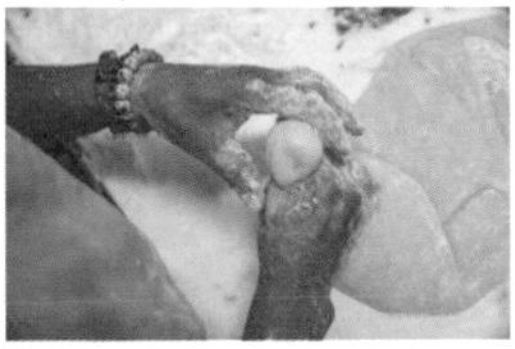

STEP 1
以手掌與手指的力道，拿捏出想要的外皮分量，這需要純熟的手工技巧。

精緻裝盒

精緻的盒裝，讓正莊麻糬更有質感，自己吃或送禮都實惠。

STEP 2
包餡之後放入靜置的擺盤。

騎車奔波的麻糬買賣

一開始，莊英宗騎武車去更偏遠的鄉下叫賣麻糬，最遠騎到崙背、麥寮、台西等地，每次出門，就載著盛裝麻糬的四個有蓋子的番仔油桶，一顆麻糬賣三角、五角。這樣的日子，持續到生意轉好有盈餘後，才新購摩托車，也才能遠騎到嘉義新港。通常麻糬是販賣給偏鄉柑仔店，如果碰到店家賒帳，就沒有錢買下一次製作的原料了。

莊英宗騎車販售麻糬的日子，一直到民國六十七年，第一條高速公路全線通車後，正莊的麻糬才打開知名度，日後才全面投入製作麻糬。原本以往夏天作粉圓，冬天作生仁果，也因為麻糬大賣，就不再生產了。提到正莊麻糬因高速公路通車而生意興隆的轉捩點，莊孟釗憶及，因為交通變得便利，經濟起飛，出團旅遊的遊覽車增多了，大約民國七十五年到八十九年之間，生意最好做，那時候，麻糬做好，擺放一整個室內，馬上就有人來搶載一空。好景象直到北二高開通後，以及觀光工廠盛行，當然，時代翻轉，網路崛起，又是進入另一個新競爭時代的絕大因素。

不論芝麻或花生裹粉，都滿載幾代傳承的心意

正莊麻糬已是與醬油齊名的西螺名產之一

正莊麻糬聲名起飛的年代

那個美好年代，莊英宗還沒有買汽車前，為了送麻糬到西螺休息站或嘉義交流道的遊覽車休息站，最快的速度就是僱用計程車。有時候，一天之內，單嘉義就來回三趟之多，還有頭份與台南西港等地的休息站及鄉下柑仔店。此外，各地商展開始活躍，也帶動了正莊的商機，目前店內還擺放著當年參展的優良獎狀。當然，賣得最好的麻糬口味，還保留著大家對紅豆和土豆內餡的既定印象。賣麻糬的最佳季節，約在中秋節後，直到隔年清明節前後。

目前的店面建造於民國七十九年，然而，莊英宗身體健康日益走下坡，而在民國八十九年溘然辭世，因此，莊孟釗退伍後，就承接起正莊麻糬的重擔。從燒粗糠的爐灶、蒸籠，到現在購入的日本新式蒸機，莊孟釗一家子對麻糬始終保持高度的熱忱，維持著使用濁水溪圓糯米的主原料，一逕守護著不被時代淘汰、傳統手工麻糬的滋味。

佇立在西螺最古老的延平老街附近，媽祖廟、傳統小吃、老屋的種種與時間交疊的時代鑿痕，都呼應著正莊麻糬與西螺鎮密不可分的時代潮流關係。而這樣的老味道，大概也唯有在如西螺這樣的老鄉城才能尋得。

尋味 INFO

正莊麻糬

正莊麻糬世家
地址／雲林縣西螺鎮平和路182號
電話／（05）5863736
傳真／（05）5878736
營業時間／上午八點～晚上九點半

精緻盒裝送禮大方

正裝麻糬讀口味，有老時代的回憶

Lantern Shop 11

廟宇燈籠高高掛——森興燈籠店

森興燈籠店堅持傳統工法，已六代傳承

手工絕活六代傳承

已經傳承五代的森興燈籠店，位於北港朝天宮的中山路老街上。六十三歲的老闆林聰賢已預備交棒給兒子。原本從事美髮業的兒子，是第六代繼承絕活的傳人，做父親的非常鼓勵他，但另方面，內心又十分掙扎。林聰賢的掙扎是因為對於兒子是否必要傳續這個傳統產業？但考量到這個手工行業若沒有人接手，恐怕就此滅絕，林聰賢的內心感到萬分不捨。從曾曾祖到林聰賢，先人一開始經營神像雕刻和做紙燈籠，當時的民生與經濟境狀都只求溫飽，由於神像雕刻的生意並不理想，至今唯有燈籠生意延續下來。

林聰賢退伍後，原本已有工作約在身，打算出外闖天下，卻遭逢祖父中風的同時，又接到一批量大的訂單，需要人手，因為林聰賢的父親沒有承繼燈籠老傳產，祖父也就希望他留下來幫忙。他說，當年勉為其難承接這份家業，自己內心一度非常不服氣。國中畢業後就外出上班，直到去屏東當兵，年輕氣盛的林聰賢覺得自己的世界在外面，剛開始做得心不甘情不願，每天生悶氣，但後來有了

林聰賢的兒子已是第六代傳人，
一旁的孫子對燈籠也興趣盎然

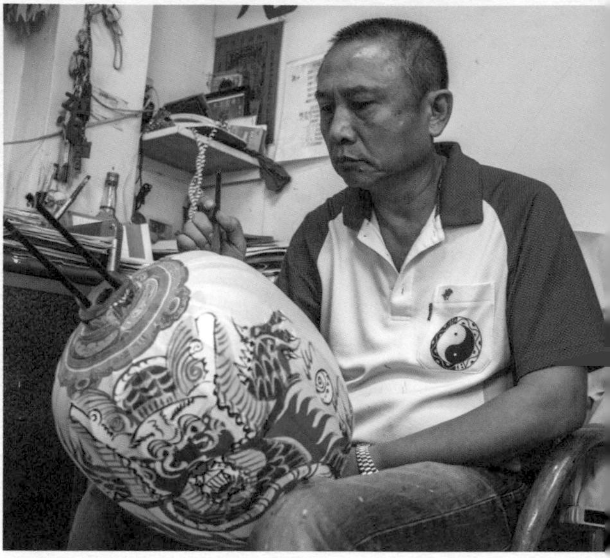

林聰賢繼承傳統家業，延續手工燈籠的香火

信仰，有如板手調整了他身上的螺絲，而這也成為他人生的轉折點，自此全心投入燈籠的手工業世界。

昔日，祖父經營方法趨於保守，林聰賢繼承後，開始承接量大的業務。他說，自小在這個環境生長，耳濡目染與跟神明的緣分，甚至強調自己不迷信但命運之神卻不可抗逆。他描述對於做燈籠這件事，在完全沒有基礎，也不具備繪畫功夫下，其實剛開始內心非常忐忑，因為一切需要從零起步。於是，他曾經去祈求媽祖婆，請祂一定要幫助、力挺他，要不這個燈籠產業將無法繼續下去。他甚至更進一步到廟宇裡細細觀察老燈籠，從此，投入全部的精神與時間，一路摸索、跌撞，終於好不容易闖出一點點成績。

手工燈籠保平安

森興燈籠涵蓋民間的婚喪喜慶各面向，但為何秉持理念做紙燈籠？林聰賢說，一般民間咸認紙燈籠比較乾淨，尤其支架是用竹子。森興的紙燈籠是用刺竹當燈籠結構，選擇刺竹是因為其韌性足。林太太說，竹子的來源在台南六甲區的山上，因為水土佳，孕育的竹子纖維度夠好，通常生長四到五年的竹子品質最適用，不過竹子頭尾的硬度若不適用，則需剃除。竹子購回都先交給工廠處理外觀後，再回到店內剖竹。

燈籠大小依客人需求或依廟宇神明而製，題字由客人決定，圖案則由森興決定，通常畫龍為最，但只要宗教祭典可以接受的圖騰，都可以彩繪，題字的字體則是家傳。彩繪的漆是水泥漆，不防水。倘若客人欲加繪其他圖案，當然也可代製。目前，朝天宮內的紙燈籠與布燈籠，都出自林聰賢的手筆。布燈籠可以像傘一樣收張，最早布跟紙燈籠是同步的，惟當年大眾生活貧困，仍多以紙燈籠為主。如今時代不同了，紙燈籠價格早已高於布燈籠。紙燈籠的竹片完全是靠手工削修，而布燈籠的竹片則仰賴機器，相對地，時間的花費自然有頗大差異。紙燈籠使用的紙是單光紙，它的韌性足，適用於燈籠製作。製作一個紙燈籠，首要是削竹片。竹子買回後，削皮，剖開，再修成編織使用的粗細度；編織完，上紙晾乾，後開始彩繪。布燈籠則是使用紗布塗上洋菜，一般不使用糨糊，因為容易龜裂。糊紙後，燈籠先晒乾，彩繪上漆後晾乾即可。

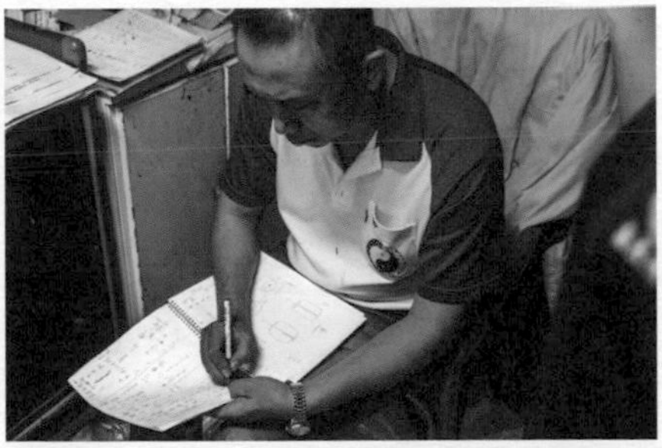
手工燈籠也接受客製化訂製，圖為林聰賢記錄客人的需求

林聰賢正手寫家傳字體

以前燈籠店有大、小月的分別，現在拜網路之賜，許多有需要的客人循線而來，自然沒有淡旺的分別。客製大燈籠一對售價七千五百元，如果在傳統圖案外加繪其他圖案，則另外收費。比如朝天宮每年都要換新爐主，擲筊得主就必須換上新燈籠。一尊神明一個爐主，但又細分正爐、副爐。農曆三月十九、二十是北港朝天宮的媽祖大遶境，遶境時候，隊伍前面推車就必須掛出整排燈籠，一輛車掛四個，每輛車的燈籠代表的是各行各業。也因此，在過爐前，店裡就必須計畫好時程並及早製作燈籠。

北港朝天宮內，分別有吊掛紙燈籠和布燈籠。林聰賢說，奇特的是，相較之下紙燈籠看起來特別有味道，雖然布燈籠也是傳統手工活，但看起來就比較現代感。這是他獨鍾手工藝的偏執。森興還有一個獨門絕活——隨香燈，這是媽祖遶境時候，信徒跟隨在主轎後面的隨身小燈籠，約十五至二十公分高，

店內有不少手工先編好的紙燈籠半製品，以備不時之需

從前燈籠內會點燭火，有薪火相傳的意思。隨香燈的燈籠曾經消失在廟會文化中好長的歲月，後來有人將這項埋沒的文化重新挖掘考究出來，森興於是繼續傳承了隨香燈這把宗教文化裡的香火。

還有一種名叫轎窗燈的燈籠，屬於文轎吊掛之用，三扇窗共三盞，是方形的燈，從林聰賢的阿祖時代即有製作，這也是北港燈籠的特色，全因世世代代跟隨媽祖廟的文化一路走來，所以一直保留住傳統。現在各地年輕人透過網路找到森興，特地來購買燈籠和轎窗燈。在店門口放有一只廟會時被鞭炮炸黑的轎窗燈，老闆娘說，通常在廟會結束後，大家都來搶著要帶回家去保平安。

1. 依用途與大小尺寸，皆可客製化
2. 方形或圓形燈籠，各有不同用途
3. 燈籠高掛店內天花板

一手絕活

製作紙燈籠

客製化準備

STEP 1

接受客人訂製燈籠時，必須傾聽客人需求，詳記燈籠用途。

材料準備

STEP 1

紙燈籠的支架為竹子，必須選擇韌性佳的竹子以利編織，店內使用的是台南六甲區的刺竹。

STEP 2

紙燈籠的竹片靠手工削修，備好後才進行編織支架。圖中林太太正在削修竹片。

編織支架

STEP 1

設定好尺寸、形狀後，依據工法，循序漸進的編織支架。

STEP 2

由下至上，竹片經由經緯交錯，逐步編出雛形。

STEP 3

需有極大毅力與耐心，一支支將竹片組織起來，由於竹子纖維非常犀利，編織過程中也須注意手掌安全。

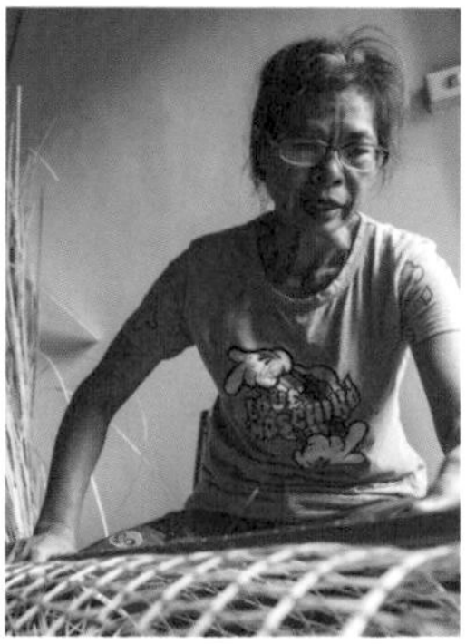

STEP 4

編織過程中需時時留意網洞大小，以工尺丈量，如不平均，則需重新調整。

STEP 2
最後確認網洞大小，並微調平均。

完成竹編燈籠支架

STEP 1
檢視完成的竹編紙燈籠。

支架糊紙

STEP 1
用紙糊上竹編燈籠支架，並懸掛陰乾。

STEP 2
收尾的燈口須強化堅固，支架才能夠定型。

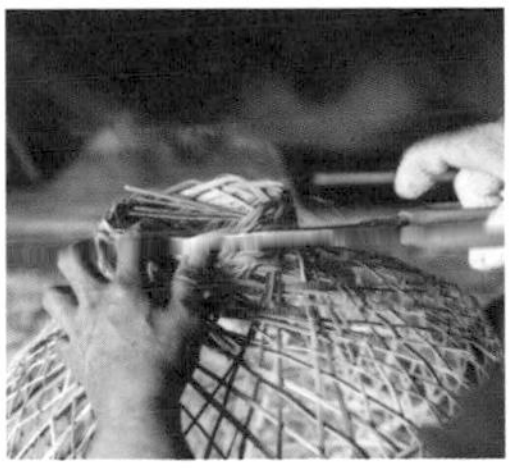

STEP 3
完成收尾後，再次修剪多餘刺手的竹片。

整體修飾

STEP 1
做最後的檢查與毛邊修剪，將竹鬚或刺手的地方一一削除、剪除。

STEP 5
網洞調整後，繼續支架編織。

收尾定型

STEP 1
過長多餘的竹片需剪除，以利收尾。

進行彩繪

STEP 1

準備顏料與彩筆。

STEP 2

根據訂製的規格，進行圖案彩繪。

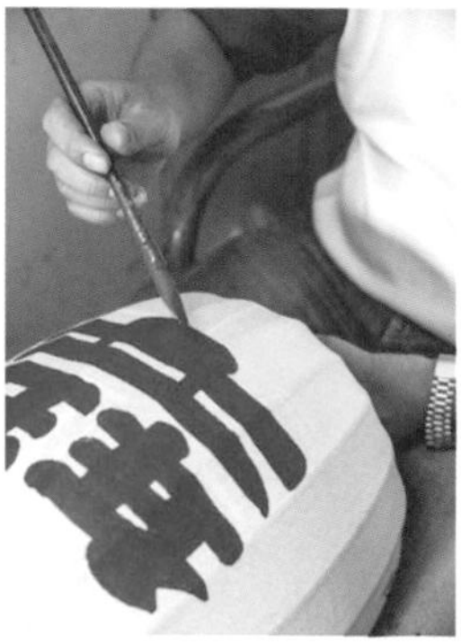

STEP 3

進行家傳的字體描繪。

STEP 4

懸掛紙燈籠製品，等候陰乾。

完成！

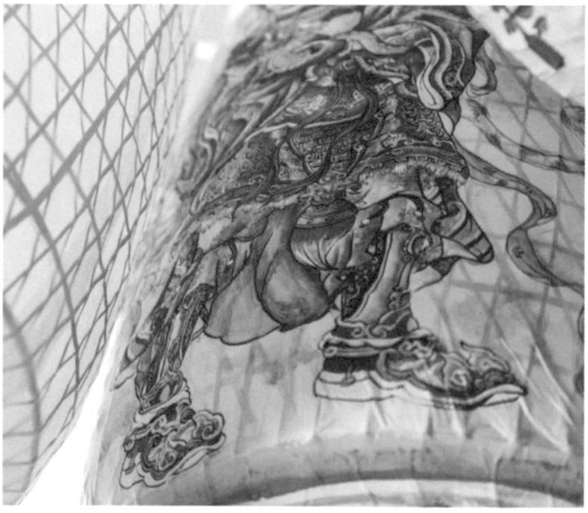

完成紙燈籠。

冥冥中的庇佑

目前森興的成員是林聰賢和林太太，還有排行第二的兒子，而林太太也開始指導媳婦一起加入。家中的女性負責編織、糊紙，男性題字、彩繪和接單。林聰賢說做這行這麼久，感觸很深。除了秉持善念，冥冥之中還有媽祖的庇佑。從退伍後接下家中的產業至今，對於作為朝天宮的鄰居，虔誠的他深信心誠則靈，神明是一定存在的。他也常告誡年輕人，不要逞強，懂就懂，不懂不需要裝懂。

林聰賢從事這行不曾厭倦，因為他堅信這是為神明製作的燈籠，更是他的使命；他說人很貪心，在傳統裡常賦予「燈」太多吉祥符號，例如，重男輕女的添丁（燈）、光明之意（指命運、前途）等，但他指稱，賦予意義是好事，只要心態正向，以及懷有根深柢固的善惡之別觀念，人就不易為非作歹。對於改變燈籠傳統製作這樁事，很多朋友講得頭頭是道，都罵他是傻瓜，直到後來時間

林聰賢的媳婦編起竹燈籠，已能獨當一面

證明了，對於自己的堅持是正確的，他便回頭去反幽朋友一默，到底誰才是傻瓜。他說，神明的東西怎麼可能創新？傳統就是傳統。一路走來，他一直深信是神明在一旁默默幫助他，而信仰發自於經驗，這種神明幫助的例子，林聰賢描述親身經歷與心誠則靈的感應；例如接了無法寫字表達的農民訂單，聽完對方口述的圖騰後，雖然聽不懂農民的託付，但為了面子又不好拒絕；另方面擔憂自己做出來的燈籠不符合客人描述的圖案，如此一來，在專業上就漏氣了。他在發呆一陣後，就到廟裡找媽祖幫忙。他向媽祖禱告說，這個案子如果沒有祂的幫忙無法完成，因為自己沒有靈感，案子也很急迫。他祭拜過媽祖後，問題很快迎刃而解，之後完全靠自己的領會而完成工作，他堅信是媽祖在冥冥中助他一臂之力。林聰賢說這是不能「硬牙」（不信邪）的，而且自此以後，他才深刻瞭解，自己是註定要吃這行飯的。

森興燈籠店，森字是祖父的名，後接興旺的興字。森興燈籠店是北媽祖廟前古樸大街上，一盞守護神明與善男信女的不滅之燈。

尋師 INFO

北港森興燈籠

地址／雲林縣北港鎮中山路91號

電話／(05)8730852

0915-631-820

營業時間／請事前電洽

林聰賢父子傳承，森興燈籠店的絕活不失傳

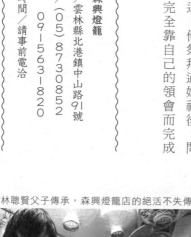

森興燈籠店的手工紙燈籠

Chinese medicine

12

從澎湖二崁到台灣的中藥師——金元和蔘藥行

從澎湖二崁到台灣北港落腳，
三代傳承的金元和蔘藥行

補冬

渡海創業的故事

陳氏家族的蔘藥行傳承至今，已歷三代。位於北港的金元和蔘藥行，經營者是第三代陳先生與太太合力持店。舊名笨港的老北港深具萬種風情，靠近媽祖廟朝天宮附近的巷弄，琳瑯滿目的商店林立，形成舊時風華年代的時間遺跡。金元和蔘藥行，就是箇中一間具有百年歷史的老中藥店，是庶民醫療文化脈絡的珍貴資產。

陳氏家族最早在金門下坑落腳，爾後輾轉來到澎湖二崁拓墾，即今日發展成形的二崁聚落。現在澎湖二崁的族人有的還在經營中藥行，全然是因為當年家族宗親有人來台灣經營中藥材買賣，事業發展得不錯，於是與澎湖鄉里的人互助渡台一起學習中藥材的事業經營後，再帶回澎湖故里發揚。而這些故事，多發生於日治時代。

陳氏祖先有四房，現在店主的阿公是大房這支脈系。最早，年輕的阿公和伯公渡海來台，於府城台南學習經營中藥材生意。清代的北港當時也是中藥材營銷的大宗集散重要之地，藥郊林立，因此，陳先生的阿公和伯公，加上一位阿公的親戚，三個人在台南習藥有成以後，輾轉遷徙至北港合資經營中藥材大盤生意。早年，船隻可以航行來到媽祖廟後面的蚵仔街（因地處碼頭邊，聚集販售蚵仔而得名）一帶，這裡是清代最早的港口之一，後因河道改變，河砂淤積後南遷，直到日治時代，中國來的機帆船尚可航行到北港溪的船頭埔（今樹腳里）。而從中國運載來的藥材，就從船頭埔碼頭上岸卸貨。那時候，北港是中藥材大盤的集散地。最早的金元和蔘藥行開設在媽祖廟旁，現在的店址是昔日的住家。蔘藥行取名由來，與清代郊商的商業模式有關，尤以鹿港「八郊」：泉郊金長順，廈郊金振順，南郊金進益，簸郊金長興，油郊金洪福，糖郊金施興，布郊金振萬，染郊金合順等盛名相關，行郊名稱以「金」作為店名開頭，有取金利多的意義。從日治時代一直到今日，金元和就在三個合資創始人共同戮力經營下，秉持專業與良心，事業一直延續到今日。

戰後重起爐灶

一九四一年，太平洋戰爭爆發，台灣也遭盟軍轟炸，中藥材無法再從對岸中國進貨，金元和遂拆夥休業。直到二戰結束，陳先生的阿公掛起招牌重

（左）金元和陳先生的阿公老照片／金元和提供
（右）店內仍保留早期的篩藥箱與藥罐

保留至今的古早篩藥箱

「金元和」字號傳承三代

如何自我訓練煉藥絕活？

購進中藥材後，必須經過加工與泡製，有些必須炒過，有些蜜製或薑製等處理，皆遵循古法製作，這個過程可以增加藥材的功效，也可以降低毒性。各類藥材有各類藥材的不同處理方式，最簡單的甚至僅需要切片。又如熟地就必須久蒸久晒，杜仲則必須鹽炒。藥材經曝晒整理後，才上架販售予顧客。《雷公炮炙論》等醫書，幾乎是學習中藥材的人練功必備聖經。本書對中藥製法步驟，哪一種中藥材適合使用何種方式處理，記錄的非常詳盡明白。早年藥材都是中藥商們自己手工製作，然而今日，幾乎是供應中藥材的源頭完成加工批發的。

購進中藥材後，必須經過加工與泡製，有些必須炒過或蜜製等處理，皆遵循古法製作

操舊業，但因船隻無法通航，才退而求其次，經營起二盤生意。此時期大盤營地幾乎集中於台北、高雄二大城市。

阿公有四個兒子，老大目前在高雄開中藥店，店名也叫金元和；二兒子則在嘉義開設中藥店；店主的父親排行老三，承接了北港本店；老四也在北港的另條街開業。百年金元和，仍舊開枝散葉。

說起阿公因何不在台南紮根而選擇來北港開業，係北港當年也是一個繁榮之城，布郊、油品、籤鋪、藥郊、青菜鋪、點心鋪等，台灣各地都看得見北港的輸出品，看準商機，阿公等三人就選擇落腳此地。北港的郊商由來已久，直到目前仍保有這些組織，類似現在的商業職業工會，每年媽祖遶境活動，當年的這些郊商（同業公會）成員也仍積極投入參與，就如同鹿港的八郊。目前在北港與土庫鎮，廣為分布來自澎湖人子弟經營的中藥店。

金元和店內的藥櫃

位於北港的金元和蔘藥行

一手絕活

抓一帖藥材

STEP 1

客人進門，準備抓一帖藥材。

STEP 2

從藥櫃裡抓出適當的藥材。

STEP 3

根據情況，適量的藥材，分批抓配。

STEP 4

精準秤重，並一次抓妥幾日幾帖分量。

STEP 5

確認過後，準備進行包裝。

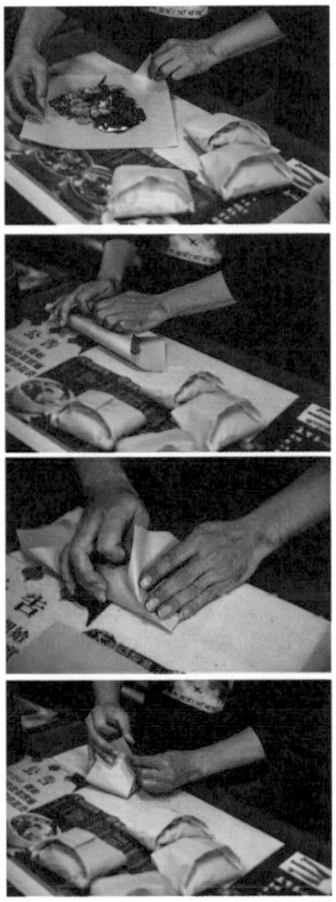

STEP 6

開始一一包裝藥帖。

STEP 7

完成藥帖包裝。

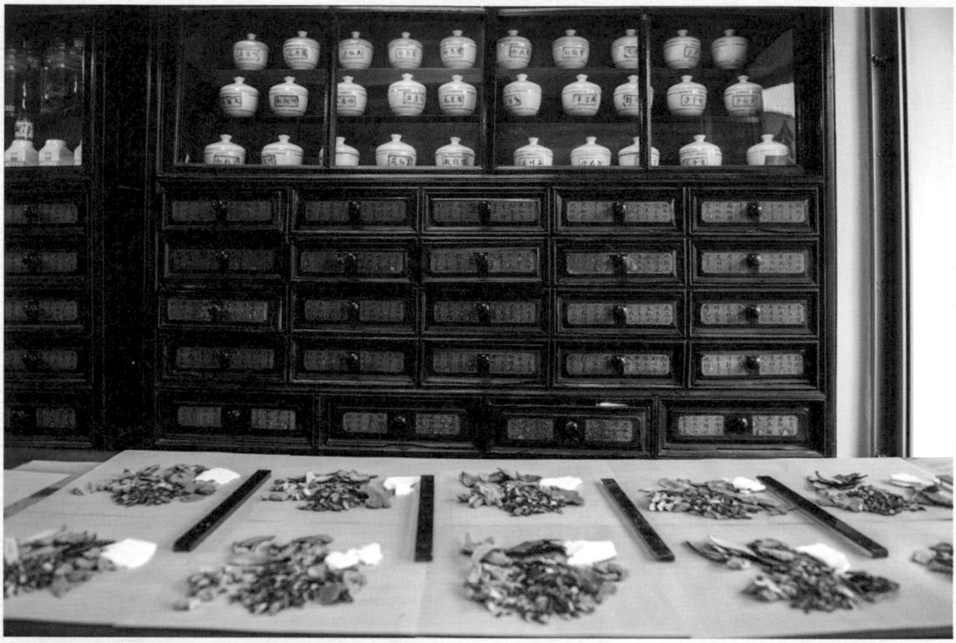

（上）店內的藥櫃
（左）識藥、抓藥是中醫的基本功

老顧客的蒞臨，就是老店的最佳口碑

快被列入保育對象的中藥店

陳先生在求學時，念的是電子科系，因為是家中獨子，應父親的要求而承繼衣缽，為了傳承，他奮發考上中醫檢定考，識藥、抓藥毫不馬虎。聊起民國十三年次出生的父親，在接手家中本業之前，小學畢業後，於日治時代就留在家中工廠，從囝仔工開始學習中藥做起。

再說起現在經營中藥景況，陳先生對於台灣中藥的環境，咸認有改善的空間。自從人們用藥習慣改變後，整個中藥材環境的變動幾乎可用翻覆形容。近年中國經濟崛起後，藥材價格居高不下，使經營本業益形雪上加霜。他表明，現在經營中藥材店實在艱難，他也不期望下一代接棒了，因為中藥材的買賣後來每況愈下，父親也後悔當初執意屬意他傳承。

台灣醫療產業長期漠視中藥這傳統的行業，自民國八十二年至今，未曾再核發過一張中藥行業者執照，原來全台有一萬多家的中藥行，目前只剩八千多家，面臨嚴重的中藥行人才的大斷層。二〇一八年的十一月，約有一千多名的中藥行業者到衛服部陳情，希望讓台灣中藥行這塊老招牌繼續擦亮，而不是讓招牌腐朽、拆下。讓人感到唏噓的是，如果中藥產業沒落，也代表一個大時代的結束，這是否也表示台灣民間文化資產根基，已持續流失？政府相關單位應該提出雙贏的方法，保留住在醫療產業史中與民間生活息息相關的這一環。

金元和蔘藥行店內現存的藥櫃，是日治時代有些店家結束營業轉讓給陳家阿公的，也算是此岌岌可危的中藥行業見證者。說起金元和，許多人的家庭與老中藥店泰半有久遠的連結。以前每逢過節，有些人家會指定到北港金元和購買特製香料回家，摻和在黑香腸內提味。金元和家傳調配的香料，在中藥的理論上，香料本來即是為了保護腸胃，也是理氣顧胃的藥膳。因為香腸頗油膩，吃多容易脹氣，所以添加一點中藥香料不但可以提味，更有保健作用，這味香料從阿公時代就已經存在到現在，並不侷限在香腸的使用，北港街上許多小吃料理就可能會添加，例如鴨肉羹等，大概唯有嘴刁的老饕才能辨識出。可說是歷久不衰的好味道。

尋味 INFO

金元和蔘藥行
地址／雲林縣北港鎮博愛路
電話／（05）7832309
營業時間／不定期，請事先電話連絡

Rice milk powder
13

跨世代的米奶粉
黃清松米奶粉

奶水的代用品——米仔麩

台語的「米仔麩」，也叫做米麩、米麩粉。一種把米穀炒熟後研磨成粉，再加水調和食用的民間常見傳統平價食品。米仔麩的歷史從何而來已無法考據，但在日治時代，據聞米仔麩就是日本人與台灣人的日常食品。

台灣的農業社會時期，牛奶與奶粉不普及也絕少聽說有人以此育嬰，大多用母乳哺育。通常嬰兒斷奶後，才會以米仔麩代替奶水。製作米仔麩的原料是用糙米，從前人們說這樣吃比較不會軟腳，也就是得腳氣病，這是因為米仔麩本身富含維他命B群，可預防身體某些疾病。

許多人的童年都有拿杯罐裝米去「磅米芳（香）」的經驗，那一聲「要磅啊喔」被賣米芳的

奶粉普及後，米奶粉店也相繼消逝，如今僅剩少數老店，在各地老街上堅持守住在地米香

人用洪亮的聲音喊出時，隨之「磅」一響，在煙澎澎裡見到許多摀耳朵買米芳的人。米芳，與米仔麩有很大的關聯。

位在朴子市的北通路上，有一家祖傳三代製作米仔麩的店鋪，門口用簡單的木板立牌大大寫著三個紅字：米奶粉。這老店鋪販售的米仔麩，可能是在地人吃了三代的營養食品。

四代傳人作米麩

開始製作米仔麩的第一代是阿公黃金助，如果他還在世，應是年約八十上。爾後他將技藝傳授給兒子黃清松先生，而黃清松已於二〇一七年辭世。目前接手家業的傳人，是第四代（她一直以為是第三代，但老一輩的長輩告訴她是第四代）七十八年次的女兒黃靖予和先生黃啟泰，二人攜手經營。

夏天八點多的早上，太陽已經高高掛起，對南部人而言，炎熱似乎是四季的常態。這麼燠熱的早晨，店內的機器早已開始轉動運作，無視這太大的日頭。

黃靖予說，一開始她的阿公和叔公二人，跟著阿公的姑丈（這是她們家族以此算起的第一代）學

①
③ ②

1. 爆米一聲，旁人趕緊走避，但又忍不住陣陣米芳，聞香而至
2. 剛爆起來米芳極為高溫，須小心燙傷
3. 黃靖予與先生共同傳承米奶粉行業

①｜③
②｜

1. 要爆了，一聲巨響，米芳在壓力鍋內爆開
2. 封裝前把磨碎的米奶粉再充分均勻搖晃鬆動
3. 三道工序，從早到晚，維持老時代的味道

習。阿公學習製作米芳、叔公做麥芽，出師後，距離現在店鋪（位在朴子市內厝里）不遠的巷子內，阿公開始做起賣米芳和米仔麩的生意。而米仔麩的原型就是米芳，米芳是米爆開後加上麥芽，而米爆開後磨成細粉就是米仔麩。初始阿公除了做米芳外，也接受客人自己帶米來店內做米仔麩的加工代工，漸漸地，阿公才轉業經營米仔麩，當時好大一包才賣五十元，來購買的客人，幾乎都是住在鎮上街內。

黃靖予曾聽聞阿公當時做米仔麩的時候，一開始將爆米做成球狀讓顧客帶回家，那是請碾飼料的小工廠碾碎成米仔麩，然後手工攪拌而得。但後來客人反映飼料廠先碾過飼料後再碾爆米芳，會殘留飼料的味道，而當年米芳並沒有米仔麩的銷路好，因此阿公才毅然購進一台碾粉的機器，就是這時期才開始製作米仔麩。

爸爸黃清松原本在朴子市的巷子內開店，跟著阿公黃金助一起做，約二十年前才遷移至現址開業。黃靖予求學時念的是餐飲科系，但進入社會實際的工作是業務，直到爸爸辭世前，她才學會接手這份行業。

一手絕活

掩耳鼻香爆米芳

STEP 1

準備待爆的糙米，放入「磅米機」的壓力鍋。

STEP 2

依壓力鍋機體容量，調整欲烘焙的米分量。

STEP 3

壓力鍋準備好後，蓄勢待發，先烘焙米粒，等烤熟後，壓力、熱量充足後，一聲「要磅啊喔」，提醒旁人趕緊摀住耳朵，隨後「磅！」的一響。

STEP 4

剛出爐的米芳非常高溫，除了避免倒出時燙手，一旁客人也需注意，不可靠近。

STEP 5

送出的米芳，在冷卻槽中攪拌，讓溫度快速下降，以免米芳繼續加溫，過度產生焦糖化。

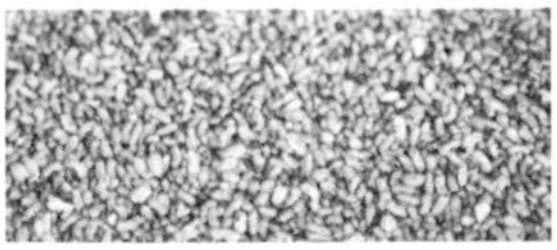

STEP 6

爆過的米芳，熟透飽滿，粒粒清楚分明。

STEP 7

冷卻後的米芳，如果要再研磨，則放入研磨機，再製成米奶粉。

STEP 8

為避免細粉夾纏結塊，在裝袋前，會先以攪拌機篩攪均勻，讓米奶粉充分鬆動。

STEP 9

依分量與客人所需，分裝於自家包裝袋中。

糙米爆米芳

現在做米仔麩使用的原料是糙米，購買源頭是朴子市區內的五穀米商。因為天氣氣溫差別，夏天是米仔麩的淡季，反之，冬天則是旺季。米仔麩的口味除了原有的糙米外，另外，黃清松又開發了包括黑豆粉、杏仁粉、薏仁粉等七、八種口味產品。沿襲阿公的傳統，目前還是有承接加工米仔麩的代工服務。

聊起磅米芳的機器，不同於我們早年看見的陽春巨砲型壓力鍋，目前使用的這台改良式插電機器，年齡甚至超越黃靖予的年紀，是店面遷移至此時，黃清松特別訂做的改良式機器。阿公那一代的機器更克難，完全是老式且有人坐在機器後面，手搖旋轉裝米的壓力槽，壓力槽下有火力加溫，直到壓力槽內的米受熱到一個程度，有人喊要爆了時，前面必須有人牽網子承接米芳。

做這行的工作時間很長，爸爸從前的營業時間是全年無休，現在平日則是從日出工作到日落，星期日休息。要完成米仔麩，需要具備三台機器，三道工序。從爆米到碾碎成粉，直到攪拌均勻為止三種機器。糙米無須去膜，因為養分全包覆在這層裡。一開始機器開機需有前置作業，再來的一道程序把米倒入機器內炒熟爆開，一次放入六台斤的分量，以壓力表為準則，溫度固定，但各種穀類溫度不一，必須適時調整，例如糙米的溫度，因為已經熟門熟路，所以溫度高低完全依憑手感去烤約十幾分鐘，米熟了，就將壓力鍋內的米爆開。機器約二個星期清洗一次，清洗方式是用清水沖刷即可。

這幾年突然風行起黑豆茶，因此許多人興起栽種黑豆，再拿來加工帶回去泡茶喝，聽說是養生飲品。是否會有其他的米仔麩製作方法的改良？關於製作米仔麩的傳統，黃靖予仍堅持要守住手工的部分，也沒有動過量產的欲望，夫妻倆一心只想守住這片不起眼但格外親切的小店，也守住阿公和爸爸留下的時代味道。

尋味 INFO

／上圖照片店家提供

黃清松米奶粉
地址／嘉義縣朴子市內厝里北通路100之3號
電話／(05)3797883
0925881178
營業時間／上午八點半～晚上八點半(每週日公休)

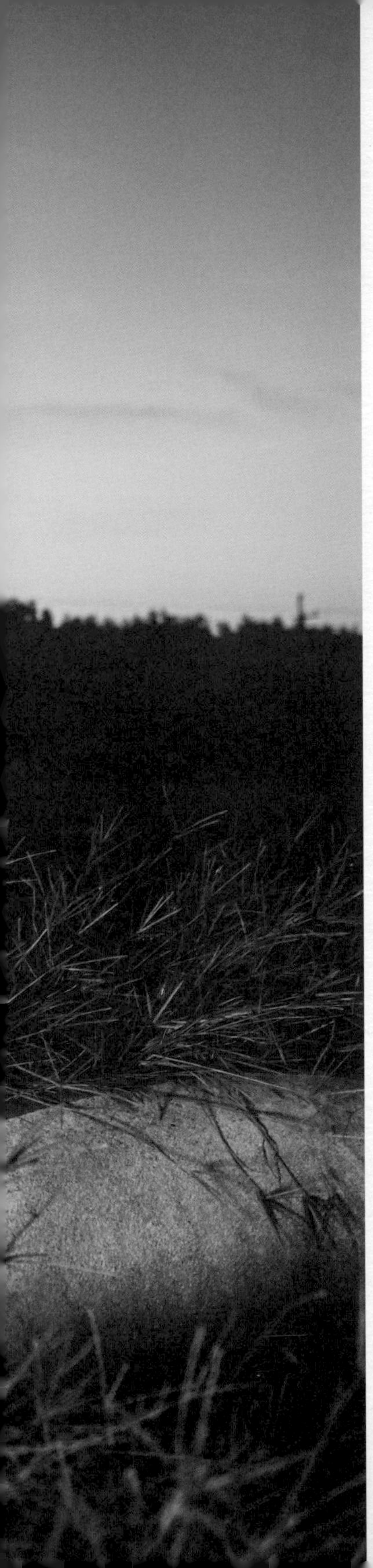

Feng Shui 14

撿風水——拾骨師李國雄

九十歲，照樣行遠路去撿風水的阿公

拾骨這個二次葬的古老行業，在台灣人傳統習俗中，有撿骨、撿金、拾埋、拾骸、撿風水等不同的說法。在《墨子》書中的〈節葬〉就有「楚之南有啖人國者，其親戚死，朽其肉而棄之，然後埋其骨」的記載。李國雄先生就是此行業的第三代傳承者，而他慣用南部人習於使用的名詞——撿風水。

居住在雲林縣口湖鄉謝厝村、生於民國五十五年的李國雄，他的阿公本來住在蚵寮村，後入贅到謝厝村。李國雄說，阿公會從事這個行業，是因為當年從中國來台的人教會他。阿公開始從事拾骨行

撿金師，讓往生者永享安寧的使者

業時，不像現代人一樣專門，主業還是務農、討海。從前人們生活經濟條件差，大部分人絕少會注重風水問題，也沒有納骨塔，所以，拾骨後會將往生者的骨骸先置放家中「公嬤」（供桌的祖先牌位）桌旁，擇日重新修墳或擇地下葬後，即為二次葬。

從前人們因為貧窮的緣故，如果往生者沒有託夢指點，一般人是不輕易撿風水的。不過，撿風水之前一樣得請地理師或者問神看時辰。李國雄的阿公從年輕時代開始從事這個行業，直到九十歲為止，李國雄自懂事後，常看到不會騎車的九十歲阿公健步如飛，有時候還走路到嘉義市去幫人家撿風水。他的父親是十幾歲就跟著阿公學習，也是副業，其他時間務農，不像自己現在可以當作主要的工作。從前撿風水的業者沒有行情，有時甚至不談價，純粹幫忙而已，不似現在的人著重儀式。從前的人窮苦，阿公還曾幫託他撿風水的人家出錢買骨灰罈。

撿金師李國雄

撿金的主要工具，圓鍬與土篩網

撿金前，先領委託人之家屬至地頭廟祭拜

李國雄的父親一直做到七十幾歲後，才放手傳授給李國雄，他就讀國中開始接觸，學會後沒有立刻接手家業，反而出外打拚，成為一位做家具的木匠。二十幾年前，李國雄本來打算跟隨老闆去中國，但回到家中向玄天上帝擲筊請示，神明卻要他回家接手父親的行業，冥冥之中有一種宿命的意味。

心存善念的行業

李國雄對於自己從事的行業，百無禁忌，他說只要心存善念，尊重往生者，將祂的事情辦妥，自然無禁無忌。對於託付撿風水的主人家，首先必須核對生辰八字，如果日沖，就必須避開某些生肖或者年紀等。一般撿風水的時間多落在卯時（早上五點到七點），遇到類似狀況，通常都以地理師指定的時間為主。當然也遇過在半夜子時撿風水，如果遇到類似狀況，一般都先破土，待天亮後再開挖。

為何撿風水開挖前必須撐黑傘？李國雄表

示是對先人的尊重，還有黑傘代表陰界使用的物件，也可避邪，撐傘主要是開棺後不要讓地底的往生者馬上見天，也是尊敬之意。通常持傘者都是出嫁的女兒，因為她們難得回娘家一趟。在「台灣民俗文物辭典」裡，將此儀式詮釋為「牽亡者起身」的意思。

人骨的數量，不論是中醫界定的三六五骨節，或是現代解剖學的二〇六塊，一般撿風水後，不會清點骨骸總數，而是從骨骼系統開始檢視。例如先從左右骨頭點算起，後看脊椎、肋骨，然後手腳、指頭。李國雄說，事實上因為土葬，所以怎麼點骨骸也不可能全數完整。有的先人撿風水後，頭骨會用蠶絲布包裹再用毛筆畫上五官，此儀式是為了固定頭骨下顎再化妝容，稱開面、畫五官，有一種幫往生者妝扮的意味；若是女性，城鄉之間，撿風水會有差異性，城市內撿風水的頭骨不包裹，鄉下地方較頻見。通常用紅線將骨頭綁束好後，就默念

① ② ③ ④

1. 天未明，撿風水較常在卯時進行
2. 撿風水進行中，事主家屬在旁焚燒金紙
3. 墳塋開挖前，家人須誠心默祈先人庇佑
4. 現場的人都會得到準備給大家，在挖開墳墓過程中避邪用的符仔

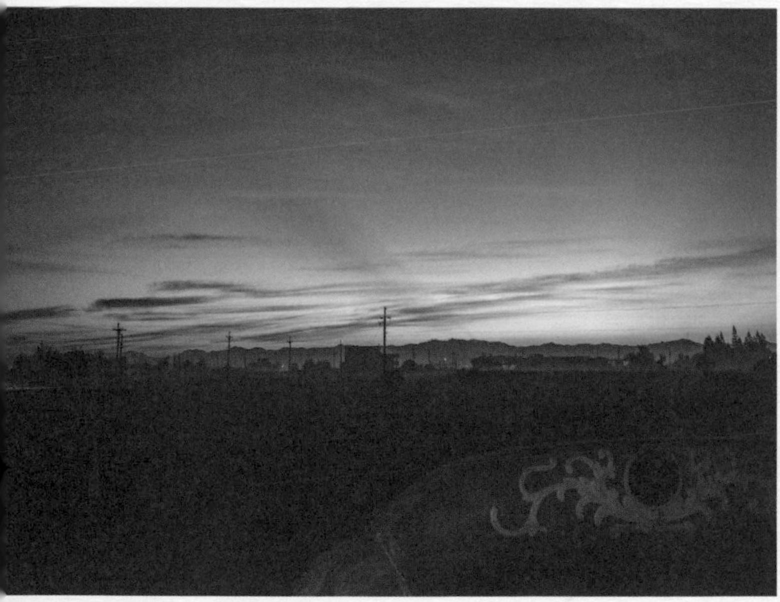

《蓮花化生咒》。比如現在撿風水，骨頭或多或少都會減少或缺角，早年如果骨骸短少會以桃枝代替，再用紅墨水在骨骸上點紅，有打通血脈之意；還有一說，是孟姜女哭倒長城，一滴眼淚一滴血，欲使死去的人復活。一般撿風水置入甕中後再放至納骨塔，地理師通常參考萬年曆等書，依照往生者的出生年月日、生肖、八字等，擇期入塔。

一般出土的骨骸稱為生骨，從前人們撿風水後是不火化的，但現在時代變遷，亂葬崗也禁止埋葬，火化可以減少空間的擁擠，李國雄認為，這是現代人生活型態改變，是一個不得不正視的問題。生骨火化通常送火葬場，但拾骨師會找一處不會汙染土壤之地，自行處理後再裝進小的骨灰罈。除了閩南人外，若有客家人或原住民委託撿風水，李國雄不分族群，也會包辦。

蔭屍不是殭屍

蔭屍的形成，李國雄解釋，可能亡者生前有進行化療或其他病痛，吃了太多如抗生素等

動工前須行祭拜儀式

撿風水靈異事件簿

李國雄有幾次難忘的撿風水經驗。

發生在澎湖海域的復興航空空難那次，是他第一次搭乘小飛機去澎湖，小飛機讓他嚇到魂都飛了。還有十幾年前，現在的台61線西濱公路成龍段的第七公墓，從前是一片荒埔地，因為要開拓西濱線，當地人傳說這裡有風水必須清理乾淨再造路。果不其然，那片荒埔地下，埋有一千多個無主荒塚，李國雄說，當年墳塚層層疊疊，直到要造路才用怪手挖掘。他參與當年的撿風水，在這些荒塚裡還有清乾隆、康熙時代的亡者，甚至是以草席捲裹者，甚至有一個水缸盛裝了百來具骨骸。這些無主的遺骸，全被供奉在口湖鄉一座廟宇裡。另外，雲林四湖三條崙包公廟旁的土地公廟，廟後面寄放很多無主骨骸。有次廟方擲筊後，冥冥之中找上他去處理，李國雄深信是包公指點，因為共有幾位無主者，

撿風水必須面對墳墓或棺木中的不同狀況，
非一般人可以勝任

塔位必須買幾個，竟然不謀而合。原本是成堆的骨骸，一具具撿起後排列完整，果然如包公所示的十三個人，火化後再裝進骨灰罈。

另一件比較玄奇的際遇，是曾有一位男士往生後，其妻攜子搬家移居他鄉，她的先生託夢，要她回來老家帶他走，但妻子數次返回納骨塔內，始終找不到她的先生塔位。納骨塔管理員找上李國雄去幫忙。從前的納骨罈往生者姓名是寫在蓋子內，所以不易辨認。李國雄與主家確認事情來龍去脈，比如她的先生三十九歲因故往生，根據民間說法，九是不吉利的數字，後再問，她的先生生前骨頭有無瑕疵，這位妻子說，她的先生因為車禍撞到額頭，削了一道傷痕，當下他就知道該怎麼做了，於是約定好明天再來。李國雄回家後就夢見一個平頭、體格壯、長像「煙斗」，額頭削掉一角的男人。翌日到了納骨塔，委託人的許多親戚都來了，李國雄看見人群中一個少年仔，長得跟他夢中的男人很像，他便問委託人，妳的先生生前是不是與他長得很像？委託人說長得一模一樣。他心想這樣就好辦了。

早期的罈有的用硃紅筆寫上名字，有的則無，李國雄從那些掉漆且無法辨認名字的甕中，選中一個無名字的甕，蓋子一掀開，那個甕中人的頭顱削掉一角，左胸肋骨斷了兩根，妻子當下說就是，而就骨頭的壽命看來，也差不多是往生者的年紀。這是李國雄遭遇過比較無法解釋的靈異事件，但他將之視為功德一件。

冥冥中，總有玄奇的事
來幫助事主找到答案

藥物，以至於肉身不易腐爛。若是以民間的傳統說法，是因為棺木的質地夠好，在下葬時，棺木必須前後鑽洞保持對流，如意外造成堵塞，棺木內呈真空狀態，亡者可能成為乾屍或溼屍，即為蔭屍。蔭屍有可能是全身完整，但多數只剩半身。如果遇溼屍，早年的處理方式是讓棺木通風後重蓋上；另一種方式，是抬出屍身，將腐肉用竹片或剪刀刮除，處理乾淨晒乾後再裝入骨甕。還有的委託人指稱風水不好來慰藉解釋，而以如「吃子孫」或家中不平安等說法，合理化撿風水的成因；或說往生者變成殭屍，頭髮和指甲沒有停止生長。蔭屍的骨頭必須久晒，李國雄曾經遇見一個往生的老者下葬三年就撿風水的經驗，開棺一看跟生前無異，處理完肉身，此亡者的骨骸一晾就晾晒了三個月之久。早上鋪晒傍晚收起來，骨頭甚至還滲油。所以，經驗告訴他，必須用酒精清洗乾淨後再晒，要不怎麼晒都晒不乾燥。他記得當時四個人去著手這個案子，結果有人做不下去就離開了，因為太困難了，剝了一天剝除不淨，甚至散發惡臭。一

① | ② ③

1. 撿金後，若還未是最佳日子，就會先安置在公媽廳
2. 只要心存善念，對撿風水的先人尊敬，將祂的事情辦妥，自然無禁無忌。圖為陳國雄與助理進行撿金
3. 撿金是一份無形道德非常重要的傳統職業

般亡者的骨頭約三個鐘頭就可以完成，但這個案子時間拖太久了，如果作業太久會產生屍毒，非常危險。這個案例讓他印象極為深刻。

李國雄說，家屬倘若遇到蔭屍，有的無法鼓起勇氣去看，有的是因為家中遭遇不順遂而欲處理。歸類出他接到的案子的說法，說是往生者託夢，或墓地風水不好等因素。下葬者約十餘年才撿風水，中北部的亡者約六年以上，因為棺木與土質而產生時間長短的差異性。盛裝骨骸的甕材質大同小異，幾乎全是瓷器。

李國雄的兒子今年已是十八歲的高中生，八歲開始，兒子就跟著他。他說這種行業還是有禁忌，有人體質不適合，普遍做法是合命格與八字，但他兒子不曾有過異狀，似乎註定天生要吃這行飯。李國雄的兒子現在都學會撿風水了，但他選擇去當職業軍人，李國雄樂觀其成，他說，並非一定得承接他的行業。他以家中原本開設柑仔店為例，當村莊沒落，人口外移，產業自然消失，所以他的撿風水職業儼然也是夕陽手工業了。

李國雄深覺，這是一份無形道德非常重要的傳統職業，是要對先人與神明負責的，與一般商人談生意、做生意有極大的不同。

尋師INFO

撿風水拾骨師

地址／雲林縣口湖鄉謝厝村謝厝路57號

電話／0935733952

營業時間／請事前電洽

天地及陰陽之間，撿金師是讓
往生者永享安寧的使者

家將教頭和他的神像雕刻兒子——道林軒

神佛雕刻師陳盛雄專注於一斧一鑿的動作中

家將教頭陳欽明

家將，係指所有神明跟前的部眾，這是一門高深的民俗學問。

白龍庵自清道光至今，在台南已有一百二十年以上的歷史，史源幾不可考，最早有「鎮台衙」之名存在過。出生於民國三十三年的陳欽明老師，是台南白龍庵如意增壽堂的家將教練，白龍庵也是全台家將的發源地。陳欽明八歲開始跳家將，接觸家將的因緣際會，完全是因為母舅（媽媽的弟弟）擲筊獲選爐主，而家族內如果有男丁，則有資格跳小差，所謂的小差就是差神爺，是指文差和武差，類似傳令兵角色，區別在於文差手執王令牌，武差則持令旗。白龍庵如意增壽堂通常是由孩童扮演這個角色，由此，陳欽明因為被挑選上跳小差，而與家將結下不解之緣。

陳欽明的家將指導老師是董輝煌先生，大家稱呼他煌仔伯，當年已是七十餘歲的耆老。陳欽明的印象中，煌仔伯有著「粗強大漢」的體格，漢草好，十分莊嚴。因為自己也有濃厚興趣，因此陳欽明遂被家族親人選中跳小差。

陳欽明回憶十九歲那年跳大爺的景象，連面師都還要幫他搧風，而他跳得搖搖擺擺，虎虎生風。當年為陳欽明打底的面師是七、八十歲的師傅蔡連，是白龍庵如意增壽堂第三代的師傅蔡金永之父。陳欽明八歲跳小差時的家將臉譜，與十九歲開大爺的臉譜，二者畫法不同，並沒有絕對的畫法。小差穿著虎皮衣服飾，身上別著王爺的符令，所以當信徒膜拜的時候，拜的是王爺的香火，家將只是代理神明的形象而已。差爺手中持的是羽扇和旌旗，羽扇是鴨子羽毛製作的。一般家將的衣服是特製，脫下後不洗，以米酒含嘴裡噴一噴，晾乾，收起，放樟腦丸儲藏。

陳欽明年輕時跳家將的英姿／陳盛雄提供

家將開面展神威

提到家將臉譜，陳欽明四十九歲的兒子陳盛雄拿出兩張老照片，一張是小差，另一張則是大爺。他說現在的其他家將臉譜，多是參照如意增壽堂的臉譜而畫的，他提及文化的源頭非常重要，尤其家將臉譜的源頭。他的堂哥是三年前癌世的白龍庵面師陳宗和先生，畫完最後一張臉譜的三日後，即與世長辭。

如意增壽堂的家將只在白龍庵七月初十王爺誕辰時，才有扮相，祭祀王爺。一般時候，只在潤年跳，而出不出（跳家將），還得徵詢爐主意見，有時候沒有人跳就不出，純粹義務性質。

關於家將開面，事前須先修面，禁欲。家將不隨地而坐，家將團一出，如果是十二位家將，十二位都要坐椅子。家將不輕易與他人交談，如要交談時，先以扇子遮面，如果臉部癢，取香腳搔撓，隨時保持莊嚴。家將跳的時候，陣法固定，但姿勢不固定。一開始，文武小差先跳，

陳欽明率領的白龍庵什家將／陳盛雄提供

祭祀拜神明後，持羽扇往前點一下，換另一個家將跳。前排是甘爺柳爺、大爺二爺各占一角頭，跳四回，即為「四門」，這是為了驅除不乾淨之物，以清淨空地；還有另一層意思，意即跳四門就是跳家將的陣法。接下來跳的是春、夏、秋、冬「四季」，比較講究的也是跳四門，占四個角頭。所謂的家將並非泛指八個家將，假如以此推算，文武差、甘爺柳爺、大爺二爺、春夏秋冬四季，十將，後頭還有文武判，加總共十二位，儼然已超出八個家將的數字，因此，「白龍庵如意增壽堂什家將」的什家將，並不規範家將人數。如意增壽堂出家將偶爾會出四將一差，即頭排二排加上一個小差，以此劃成一個單位。又例如春夏秋冬四季是一完整單位，不會只出其中的二季而已。換言之，家將人數可以出四將一差，也可以出八將二差。

陳欽明跳大爺，也是因緣際會。當年他只在一旁看別人跳家將，因為身量適合跳大爺而被相中，結果一跳成名。大爺是家將中的靈魂人物。陳欽明描述跳家將的經驗，只要面上一畫，委身一翻，他的心境便能感應到神威，通常約需五到十分鐘。陳欽明家將跳到三十幾歲，於後，即教練後來的新一輩家將。

民國八十三年，陳欽明率領的什家將團榮獲薪傳獎。

民國一〇四年，陳欽明接受公共電視節目訪談時候說：「八家將是沒有文武判官，到春夏秋冬而已。我們要拿那個獎就不要失傳，我希望是這樣。」

家將存在的意義為何？家將是宗教演教的一部分，也是為王爺開路守護者，遂以此稱呼駕前什家將。家將也具警示之意，到底，是為了勸世

陳欽明率領的白龍庵什家將／陳盛雄提供

陳欽明（前排左二）曾到國外表演，宣慰僑胞／陳盛雄提供

人為善。

道林軒陳盛雄的神像雕刻之途

四十九歲的神像雕刻師傅陳盛雄，國中畢業後就拜師學藝，他所學之藝，是如天職般的神像雕刻。

陳盛雄的師傅雕刻家林宗養，是陳欽明父親住在高雄的朋友，他謙稱自己書念的不好，本著還有繪畫的天賦，從小他自覺長大後就是要從事「妝佛」之職。所謂的妝佛，是木雕和漆藝的專業結合稱呼，而台灣北部業界，稱為「刻佛光（公）」。國中畢業後，陳盛雄離家去高雄，跟著林宗養學習雕刻神像的本領。陳盛雄的已故師傅林宗養，在雕刻界頗負盛名，本籍台南市鹽埕，不論是台南媽祖宮仔或青鯤鯓等廟宇，都保有他的神像雕刻遺作，陳盛雄是他收的唯一弟子。

陳盛雄所雕刻的神像，因信仰道教自然以道教神像為主要，而且專攻木雕。一開始學師仔（當學徒），是一路看著師傅工作，奠立學習基礎。學徒的基本工作流程是一早開店門，然後跟著師傅上工。陳盛雄回憶說，他的師傅絕少工作，多半時間花在賭博喝酒上，當時他的內心感到矛盾、納悶地想：我來這裡做什麼？學師仔的歲月經過一段時間後，才終於有機會上工。初始，師傅叫他鑽孔，鑽孔是把方形木頭畫好佛像輪廓後，在佛像背後的椅座鑽洞，再把木屑清除乾淨。結果他以為簡單的工作，卻做得歪七扭八，這時他才意識到自己其實沒有本職才能。剛開始，當他看著師傅持雕刻刀一刀一刀推著，他認為根本不是什麼技術，結果自己坐上雕刻桌、手握好刀與鎚，此時才深刻了解箇中道理，木頭要怎麼刻，原來如同寫書法一樣困難。陳盛雄開始懷疑自己：這樣要學到何時？內心遂萌起放棄的念頭，開始渾噩地度日子，尤其師傅一天到晚叫他跑腿，什麼都沒學到的情況下，更令他灰心。

又過一段時間，師傅訓誡他，你頭殼要自己會變通，你不會就要問師傅，師傅自然會教你。結果師傅話才講完，他遇到問題問師傅要怎麼做，師傅的回答更讓他莫衷一是，師傅說你自己要懂得反應啊。慢慢地，陳盛雄一點一滴的抓到訣竅要領，才展開雕刻職涯新階段。陳盛雄說，他並沒有學到出師，那時候，最後做到的一個案子，位在屏東媽祖廟後殿，只有他一個人單打獨鬥，做了四天三夜，做得很痛苦。當時師傅請台中一位朋友到廟裡幫忙牽漆線，陳盛雄要做的工作就是噴漆、安金畫色。那一年的工作，他留下極深刻印象，工作期間正好遇到農曆過年，收拾好工具騎機車先回高雄，後再回到台南。原本說定年初六開工，結果年初三就來電話說要趕工了。當他回到高雄，他的師傅正與朋友聚賭。陳盛雄看見一尊還沒完成的佛像丟在一旁，尚未收光（先有粗胚，但還未用砂紙進行細部打磨做底等工）。他知道這個案子解鈴還須繫鈴人，自己並沒有辦法解決，這件事也讓他非常生氣，於是又默默騎車回台南，後來就離開高雄了。直到退伍後，有一天，陳盛雄接到師傅的電話，請他回去工作。

雕刻師陳盛雄的工作桌，神佛像一尊尊在此完成

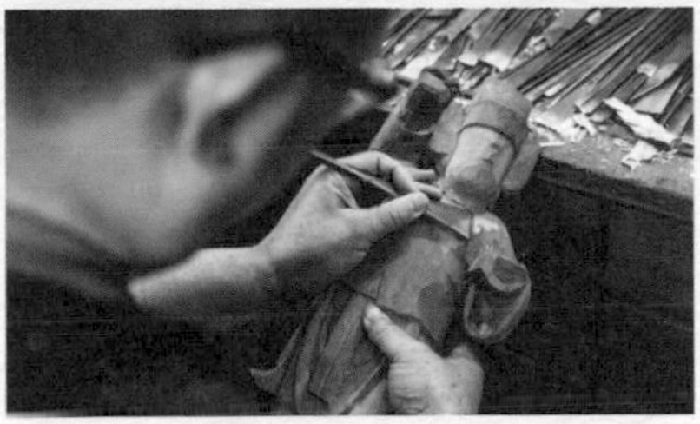
雕刻中的一刀一鑿，必須全心全力

神選之雕刻師

陳盛雄講述了一件冥冥中，彷彿被神選中的宿命般之際遇。小時候，父親去幫他和弟弟算命，算命的告訴父親說，你有一個兒子會從事妝佛。結果，兄弟倆長大都去學習妝佛了，弟弟從國中畢業到當兵退伍後，學不到任何雕刻技術；當時陳盛雄內心暗地裡想：莫非是註定？是算命師說得準？行走在妝佛的這條路上，陳盛雄自覺自己並不憨慢，他並非自傲，而是在過程中隱約體悟到，或許真的是老天註定要他走這條路的。

再聊回開始當學徒的本業，陳盛雄說他開始雕刻時，木材是便宜的，例如一尺三牛樟木的佛仔料，約六百至八百台幣，結果，這年頒布法令禁採牛樟木，但尚未全面實施。日後，木料漸漸漲價，到他要當兵前，中國產的小葉樟木進口台灣來了。雕刻一尊神明選擇木材並非絕對，而是依照個人喜好，而一棵樹最好的木頭部分，就在樹頭往上的那一節，不硬也不嫩就是最佳的材質。但遺憾的是，目前小葉樟木也禁止進口了。

雕刻神明雖不分木材種類，客人帶來什麼木料就著手雕刻指定的神像，不過，若嚴格來說，樟木算是最佳的材料之一。從前神佛像如有裂縫，利用補土修補，上頭再覆上一層紙，用紙包覆住補土和木材是極古老的工法，這並非如民間傳言，古早的神佛像一定要覆紙之簡易說法。雕刻神佛像最困難的是，一尊佛像要怎麼雕刻才會完美，並非神佛的造像難以刻畫，而是難在雕刻師所追求的意境。以此尺度度量，福州派名師林起鳳的作品，幾乎是妝佛界的標準。陳勝雄補充道，通常要替客人妝佛，會先挑材選日子，或問清楚生肖與住家方位，以及與主家不對沖，又可開擘（即握斧剁木頭）上工的吉日，與建築業動土開工是同樣道理。

① | ②

1. 從無到有的造像，雕刻師不斷挑戰神佛像的意境
2. 冥冥之中讓陳盛雄走上神佛像雕刻師

一手絕活

製作神佛像

STEP 1

工欲善其事，必先利其器，陳盛雄的雕刻工具一字排開，準備好即上工。

STEP 2

找好的木材，陳盛雄先以電鋸大擘，修飾出原型。

STEP 3

緊接其後的，再以方木棍鑿出神佛像輪廓。

STEP 4

純熟的修邊動作進行中，輪廓愈來愈明顯。

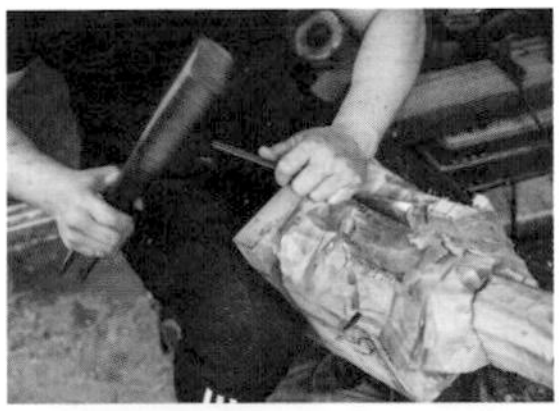

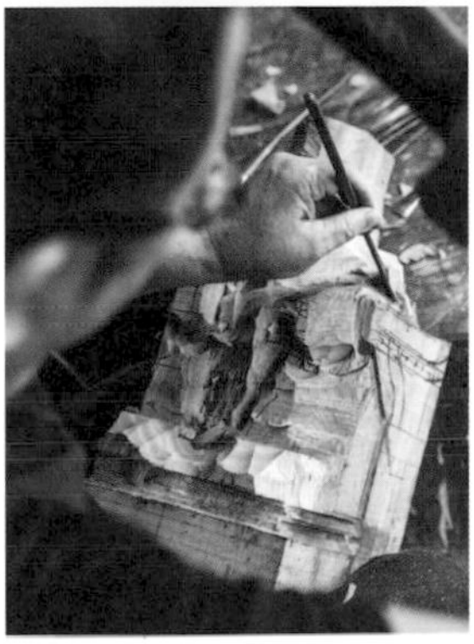

STEP 5

神佛像粗胚造型在鑿子的敲打中逐漸形成，已漸漸可見神佛像的樣態。

STEP 6

神佛像粗胚造型完成。

STEP 7 進入精雕細琢的程序，換成較小尺寸的雕刻刀，此時木棍的持法與力道也縮小。

STEP 8 進入手工雕鑿階段，雕琢出更為細緻的線條。

STEP 9 專注於最後的表面刨修，此時必須將神佛像外表的鑿痕一一刨除。

STEP 10 神佛像粗胚階段完成。

當拿到一塊木材要雕刻關聖帝君，事先得貼一張紅紙寫上關帝爺，再選一個好時好日開擘，表示這塊木頭已經找到主人了。一開始畫上粗胚，後擘大材開始刻製，再收光，收光的時候神像比較抽象，使用的工具是粗細不一的鑿子，最後詢問主家要裝哪家廟宇的香灰入神，以表示源頭。昔日習俗說入神要入虎頭蜂，有訛說入愈多的虎頭蜂神明愈凶，陳盛雄完全依照客人意思而為，但關於入蜂，他多建議只要入一隻就夠了，有入靈的意思。材是死的，入神象徵著入一點靈進神像的體魄內，香火的源頭，也是這層意義。有的時候也會入七寶，即金、銀、銅、鐵、錫、珍珠、瑪瑙，有三魂七魄之意，再加上五色線，五色線代表五行金、木、水、火、土，象徵五臟六腑，這些物件皆從神像背部裝入。從前的作法會挖一個洞，但是挖的洞設在座椅裡，並沒有入神明身軀內，後來才改為自神明背部置入。

安金畫色

安金有不同的解釋。神像貼上金箔，於傳統說法，所謂的「金身」就是此義；另有一說，金身的真正意思是，只要是完成的神像，就稱作金身；有的說神明層級高，所以面部才貼金箔。但現在又有黑面的做法，是因為年久燻黑了。事實上，神明的臉一開始都是粉紅色的。一般人稱為黑面三媽，實際上一開始是粉面的，被香煙燻久了當然變黑了。

從木材到神佛像，在雕刻師手中慢慢形成

這些過程結束後，開始用砂紙磨光打基底，牽粉線，通常稱胚面就是安金畫色。現在分工比較細，雕刻師雕好的神像送去給做胚面的人進行下一階段工序。做底，牽線，安金畫色，在往昔，這些工程全部自己來，但這有缺點，即這次雕完這尊，要進行畫色會因為時間隔太久，導致漆金都硬化壞掉了。完成金身安金畫色後，最後的步驟就是畫眉目，但也有人反其道而行。

神像妝佛之心

雕刻神像的價格，當然大小有差異。通常一尺三以下，價格差不了多少，但是如果是一尺三以上，因為材料大，價格自然就高。

陳盛雄說自己是妝佛的人，所以他不迷信，但某些現象他無法解釋。他說，做學徒後來沒有出師，回來老家自己摸索著做。剛開始雕刻時，總是覺得不順心，因為同一個地方老是雕不出來，於是放下工具就先休息。有一天他做了一個夢，夢見自己坐著工作，正思考要怎麼繼續時，他隱約感覺到身旁站著一個人，實際上他沒有看見人，只聽見有聲音教他怎麼做。他在夢中想說，這樣可能嗎？後來在夢中就按照那個人的意思做，果真迎刃而解現實生活的難題，就學會了，猶如仙人贈上五色彩筆的預兆。只不過夢醒之後，陳盛雄並不在意發生過這件事。隔天他坐下來準備繼續雕刻工作，竟然解決先前不知道怎麼做的問題了。而這發生的一切，竟是重現前一日夢裡的場景。

現在，陳盛雄承接神像雕刻包括個人與廟宇的工作，台南與其他縣市皆有所託。而他秉持著的是虔誠而專業的妝佛之心，商業化從來不會是他的選項。

陳盛雄秉持虔誠之心，雕刻神像

雕刻師陳盛雄以粧佛之心雕出一尊尊神佛像

道林軒
地址／台南市北區大興街182號
電話／0935400358
營業時間／請事先電洽

Scenery painter 16

戲夢人生——明山臺灣民俗佈景彩繪工作室

陳明山從事布景作業的工具工作區，玲瑯滿目的用具須應付各種施工狀況

近年陳明山用心在 3D 的布景設計

坎坷人生鍛鍊皮骨

在溪口鄉疊溪村繞過來又踅回去，但怎麼找就是找不到地址上的門號。在寺廟集元宮廟口的小吃店終於詢問到位置，老闆手指著稻田間的路說，就在那裡。

我抵達時候，師傅正蹲著專注畫佈景，他說等我一下，就快好了。他是台灣專業的布袋戲佈景畫師陳明山老師。

他給我紅茶，自己喝保力達B，他說我喝這個，你喝那個，要不然我快沒有體力了，我們不約而同笑起來。這裡是工作室，陳明山住家在廟口旁的社區。

陳明山近年投入立體佈景的設計與製作

陳明山近年全心投入立體佈景的製作

陳明山製作的立體佈景

六十七歲的陳明山原來是新港鄉人，老家原本是望族，阿公從前是保正（村長），家中田產有數十甲，還開了碾米廠。阿公娶了大某細姨，因為大某只生一個女兒，後來才娶了細姨，結果細姨也沒有生育，所以阿公的孩子都是分討來的，多是新港、溪口鄉的孩子，這些故事是陳明山從一個遠房的叔叔口中得知。

陳明山的父親出生在溪口鄉柴林村，父親的原生家庭生養了十三個孩子，他排行第三。父親本姓郭，陳明山說，我們是「郭骨陳皮」。談起父親，陳明山說，他從年輕時候到年老，漂撇一生。

陳明山因為家道中落，學業中輟，只能讀完新港國校。後來老家也都賣掉了，家中一無所有，於是舉家搬到外婆家住。外婆家在阿公老家前頭一個叫榕仔腳的地方，陳明山一家就住在外婆家屋後面，一間地震沒震垮的傾圮破屋內。國校畢業，陳明山的第一份工作，由浪蕩的父親帶著他，說要去高雄鳳山當印刷學徒，陳明山當時內心非常期待，因為他在學校讀過印刷術是中國三大發明之一。結果，去到鳳山才知道不是學印刷術，而是去一個遠親家賣肉包，陳明山當年賣包子，幾乎賣遍整個鳳山。肉包一個賣一元，饅頭五角，每天早上五點出門賣到晚上七點回家，賣一元抽成二角，每個月還要扣除包括推車、蒸籠的材料費和飯錢共八元。在鳳山賣了半年的包子，陳明山內心一直抗拒賣肉包，他覺得看不到前途，包子沒賣完還會被老闆揍，他一直忍耐著，他說，那時候自己「細漢」無法抵抗。一天只睡兩小時的他，晚上還得揉麵糰到十一點，上床躺下後偷哭一會，怨嘆自己歹命，凌晨一、二點又被叫起床做肉包。陳明山辛苦工作，每個月都會寄約三百元薪資回家，但身心已經達到極限，原本想要逃跑的他，為了顧及父母面子才沒有逃走。他笑著自嘲說，十三、四歲的他就是因為這樣操勞才長不高。

搬演紙上電視機

陳明山後來又回到新港，那時候如果找不到工作都只能當學徒。賦閒在家的那段時間，他把漫畫書拿來練習模仿著畫。那時候，陳明山能畫出一捲像布袋戲的跑馬佈景，當年全新港只有一台電視機，他就看著那台電視機用厚紙板模仿作框，然後用餅盒當電視機殼，挖個洞當螢光幕，他用鉛線當捲軸，捲完這頭後再從那頭捲回來。他在晚上利用父親的檯燈從捲軸背面打光，透光的卡通人物角色自然顯現出來，然後他就對著其他小朋友觀眾們說故事。那時候只要夜晚一到，小朋友都跟家裡大人說，我要去明山家看電視。大人們驚訝的說，蛤？明山家那麼窮哪來的電視？結果一看，是他發明的紙上電視機。

有位在新港戲院當電影放映師的鄰居，那時候戲院剛好有職缺，就帶著陳明山去面試，結果老闆說他個子小，於是僱用了另一個十八歲的少年，原因是必須扛影片底片捲爬竹梯子。但陳明山其實體力足，只是老闆不知道罷了，他當下非常失望。剛好戲院販賣部有個歐吉桑說，缺人手販賣東西而找陳明山工作，結果事實不是站在販賣部內販售，而是必須揹著枝仔冰木箱去兜售，而且還要清掃大戲院。有回弟妹們來戲院看戲，說要吃冰，但陳明山身上一毛錢也沒有，哪有錢買冰給弟妹吃？沒冰吃的弟妹們哭了，他自己則跑到戲院的木造樓梯間偷哭。誰料到一拖延時間，冰棒化掉了，回去又挨罵。後來老闆告訴他要抓準時間，時隔多久回來一趟換冰棒，這樣冰才不會溶化。而原來融化掉的冰棍可以去冰店換完好的冰棒，陳明山靈機一動，這樣弟妹下次來就有冰棒可以吃了。除了賣冰，他還得牽著腳踏車載兩桶餿水回老闆家養豬。那時候一個月的薪水是九十元。

布袋戲佈景彩繪讓陳明山日後可以結合編劇，創作心目中的布袋戲齣

販賣部賣冰工作告一段落，陳明山即將動身前往大林當畫佈景學徒前，又被人央去養鴨母。陳明山比喻說，自己像反清復明的鴨母王朱一貴，他笑說，差別在於趕好幾千隻鴨母過河，但他沒有皇冠可以戴，所以沒效，不能跟朱一貴一樣。那時候，陳明山的父親已經在大林工作，但那是一家製作飼料的空殼公司，公司向員工們收完保證金後不到兩個月，就人去樓空了。父親在職時，看見柱子上張貼招學徒的紅紙，而陳明山將前往的這個工作有兩種工作內容；一種是佈景彩繪，另一種是炭精人像，兩個師傅刻苦共租一個店面。炭精人像做的內容是將幾寸的照片放大，通常是做遺照。

陳明山應徵時內心十分掙扎，因為不管選哪一樣工作都對另一個師傅感到抱歉。但他必須當機立斷，所以權衡之下，他想到當時漫畫書已經出現彩色的印刷了，炭精人像仍是黑白的，他直覺這個行業將會被時代淘汰，因此選擇彩繪佈景。陳明山說，因為炭精人像師傅就只擺一張桌子，所以陳明山畫累了可以去偷看他怎麼做。那個師傅後來將他珍藏的資料本子給陳明山抄寫，並稱讚他很聰明，說以後這些資料會用得到。

陳明山追隨的師傅是第三代張錦濤（耀元），第一代師祖張朝陽，第二代張清根（阿根），陳明山等五人是第四代，目前僅剩陳明山仍堅守崗位。陳明山說自己已經小中風兩次，然而儘管頭暈還是繼續趕工畫著，根本不知道自己已經中風了，他自我安慰說忙碌也有好處，能夠忘記身體的甘苦。

炭精畫

民間藝術炭精畫的歷史，最早可追溯到昔日的國畫，而自清朝、日治時期、戰後初期一脈相傳。早期因為照相機不普及，往往以炭精畫作為擬真的人像照，彼時類種分有炭精描摹、炭精畫等。此外，無論畫像破損，乃至於變色或模糊的照片，只要運用炭精畫藝術的加工，即可以修復和復原。

一飯千金的學徒生涯

陳明山後來證明自己的選擇沒有錯。他說炭精人像後來的式微沒落，讓他想起從前人類還未登陸月球之前，他就看過漫畫裡有人畫揹著兩支火箭筒，咻，就飛到月球去了。那時候師傅告訴他必須學四年，但陳明山的爸爸反對，他說別人都只學三年四個月，為什麼你就要學四年。師傅回答說，我這個比較難學，沒有那麼簡單，真的要畫的話，學一世人都學不完，而且他還小，十四歲而已，再過四年十八歲就可以當師傅了。陳明山回想說，真的是這樣，師傅說得沒錯。然而如果不認真學，出師後也是不會，沒效。當學徒頭一個月最辛苦，掃地、泡茶、洗筆、拌顏料。當時師傅的店位在大林鎮的圓環邊，現在圓環已經蕩然無存了。當年有三家戲院，大林戲院、東亞戲院、新興戲院，直到晚期才有萬國戲院。

畫佈景的顏料是粉末拌水，顏料粉來自工廠，而這種顏料粉也是油漆的原料，顏料粉買回後自己調配。陳明山聽說，他尚未入行前，是粉末拌牛皮膠，後來才被南寶樹脂

佈景彩繪的工作場所可以看見各式各樣、大大小小的相關用具

陳明山進行佈景彩繪時，皆依工法按步就班完成

取代。牛皮膠怕水，如果一遇到下雨，那整個佈景就變花臉了。當時師傅一開始就約定要自己解決伙食，當學徒是不給薪的，陳明山那時身上只有二十元。父親還在大林工作時，陳明山還可以跟他同住，父親離開後，陳明山從此居無定所，曾睡在屋簷下，流浪了一個星期。那時正值冬天，他穿白色短袖製服藍短褲，很冷。他也不敢睡在公司附近，都去很遠的地方休息，路人都以為他是乞食囝仔。身上二十多元，要過四年，陳明山只得儉約度日，他的省錢方式是肚子餓就灌自來水。每天跟師傅借水說要盥洗，其實是灌水飽肚，一個饅頭五角錢當兩餐吃，這樣的日子過了一、二個月。從入行開始到是年尾牙，師傅知道了陳明山的情況，就留他一起用餐。

師傅也是後來才識出破綻，請炭精人像的師傅偷偷跟著陳明山。師傅納悶，這個小孩為什麼總是借腳踏車，騎去大林繞了一圈不到十分鐘就回來。陳明山笑說，自己不知道大林地方那麼小，繞一圈回來只花十分鐘。後來師傅就利用尾牙那一天，叫他留下來吃飯，吃飯時他告訴陳明山，說你來那麼久了，也知道我孩子多家境並不好，但不要緊，以後你都在這裡吃飯，只是吃好吃歹罷了，你只要工作認真做就好了。陳明山當下感動得大哭，他在內心發誓，拚死拚活也要認真幫師傅做事，在這裡他一直待到當兵。陳明山以此遭遇，說了韓信「一飯千金」的報恩舉例。

老照片中是陳明山的先師與師兄弟們

一筆一畫真功夫

從前接布袋戲的佈景工作並不多，因為戲班的生活也很艱苦，佈景能省則省，當時接手的案子除了野台外，還有在戲院搬演的內台，以及商店廣告招牌、電影廣告看板。陳明山在當學徒時期材料很昂貴，他會偷藏材料背著師傅練習，利用半夜練功夫。他的床剛好在工作桌旁邊，只要一見師傅起來上廁所就趕快熄燈。有一個晚上，師傅半夜起床，他來不及收拾材料就趕快把燈關掉，看見師傅騎著腳踏車出門，不知道要去哪裡。過了一陣時間，師傅載著一位朋友回來，那麼晚了還有朋友來，在半夜二、三點。原來師傅的朋友住在板橋，也是一位電影看板畫師。師傅進門後打開電燈，那個人看見畫，問說那是誰畫的？師傅就指著裝睡的陳明山。那個朋友告訴師傅說，這個孩子可以牽（教），卡認真教他。

學徒一開始畫的都是樹、山等配景，慢慢進步後，接著畫人的衣裝，必須畫到夠立體為止。日後，師傅先畫一半，陳明山接續畫另一半。衣服畫完接著畫手腳，最後才畫到臉，臉是最難畫的部位，如果畫壞了很難修改，陳明山笑說，如果畫得不像，別人只會取笑師傅不會笑學徒。畫人像先從不重要的配角給學徒畫，再正式畫到主角人像。曾有一次師傅發生車禍住院，眼看電影上片迫在眉睫，看板畫還未完成，當時十七、八歲的陳明山是大師兄身分，共有六、七個師弟，

散戲後人去樓空，但舞台仍光彩奪目

他必須扛起責任，於是接下此重責大任。當他畫完看板後，隱約覺得身後有人影，一回頭，原來是師傅拄著拐杖站在背後，師傅說，也該是他下放功夫的時候了。

野臺戲佈景畫

陳明山雖然也畫電影看板，但布袋戲佈景才是畫師的主要工作。當學徒的晚期，陳明山開始有三十元薪資可領。陳明山在師傅那裡一直待到二十一歲當兵，共七年時間。當兵期間休假，陳明山不回家都直接到師傅那裡，時時關注師傅的進度。退伍後，他告訴師傅說，自己要創業了。陳明山十八歲那年，已舉家搬遷到三重埔的田心里，決定創業後，就在自己住家開始接案子做，直到搬出去獨立。畫佈景的生意很容易被欠帳，生活並不好過，當時也接了許多廣告招牌的生意。

陳明山承接的布袋戲以野台佈景居多，少數為內台。畫佈景的客戶各取所需，有的要便宜，有的要功夫，所以同業的競爭不大。陳明山的師傅張錦濤的布袋戲佈景畫功夫名聲遍全台，但他收學徒的原則是，如果自家有戲班的他不收，要做戲還是要畫佈景，只能擇一，因為人無雙面才。後來，晚期出現有野台戲的師傅開始自己畫佈景，比較省錢，事實上佈景的消耗量最小，反而那些不會吃飯的戲偶才是最花錢的。

陳明山喜歡接客制化的布袋戲佈景案子，他說不喜歡接能自由發揮的案件，因為如此他要構思很久。布袋戲的佈景案一直是最大宗的生意，他說這是無形中的養成。畫歌仔戲的佈景比較單純，陳明山也畫過，因為各種佈景都要做，包括電影、照像館的場景等。十幾年前，陳明山接了高雄「快樂出帆」的活動案子，都得去現場勘景，何況是照像館，甚至，也曾到歌廳去畫過佈景。

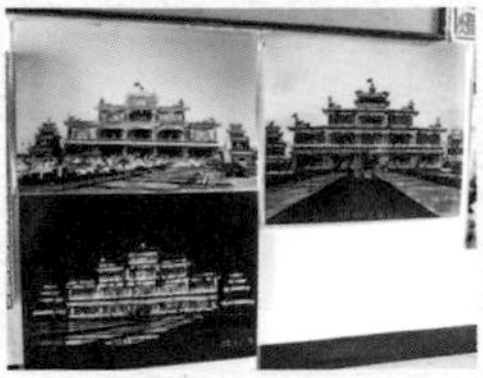
不僅戲台佈景，建醮的彩繪也是陳明山的工作之一

早年在他師傅的年代，全台大約有兩千團野台布袋戲，現在反而不減反增，約有四、五千團，包含戲棚下賣芭樂、燒酒螺的也投入做戲。現在科技方便，用錄音帶播放，不需要開口對白，不論《封神榜》、《三國志》，看過聽過後，很容易就學會了，角色演錯了也沒人知道。這種野台佈景大多畫得醜，然比較便宜，只是出演價格不好。有人畫得速度快且價格便宜，撿便宜的業主當然挑選這種，但打壞市場行情都是咎由自取，俗咪沒好貨，一般劣質佈景約半年至一年的時間就腐朽了。

陳明山說現在的佈景顏料再進化，改用水泥漆的漆料。佈景畫配色完全靠自己摸索，每一個佈景彩繪老師的風格與配色迥異，比如客制化，也要徵求客人的意見。綠、黃、紅三種主要顏色搭配，剛刷好的黃色非常明顯，但黃色褪色後就會舊掉難看，黃色大多會變沉黑；美麗的東西不持久，陳明山說，紅色比較中性，綠色則能維持原色時間較久。

陳明山說，他最常對客戶講的一句話就是，「將你們的理想，交待給我幫你完成」。

金光閃閃的佈景人生

談到與台灣知名的布袋戲團合作經驗，早年布袋戲宗師黃海岱要做野台戲，帶著兒子黃俊雄來認識陳明山，黃海岱告訴黃俊雄說，你要畫佈景

一手絕活

製作動態3D佈景

傢俬準備

STEP 1
陳明山製作佈景的工具，井然有序的分門別類排齊，有助於工作的進行。

STEP 2
木頭框架是佈景的骨架，需要用到大量釘子，所以安全的收納就特別重要。

STEP 3
畫筆是彩繪師不可缺的用具之一，準備好大大小小的筆頭，能讓畫師盡情揮灑。

STEP 4
顏料是佈景的靈魂，充足的顏色絕對必要。

平面結構圖設計

STEP 1
接到委託案之後，先在草稿上構思整體架構以及要呈現的圖樣。

STEP 2
完成結構草圖。

立體舞台佈景模擬

STEP 1
立體舞台佈景的平面設計。

STEP 2
以縮小比例的方式，實際進行各部位的組合模擬。

STEP 2
由小至大，各部分一一組合，以及微調至最佳狀態。

STEP 3
完成舞台布景之雛形。

幕後機關組合

STEP 1
螢光燈管的設置。

STEP 3
打底上色彩繪。

STEP 4
上色中處處留心線條與色彩細節。

主場景組裝與微調

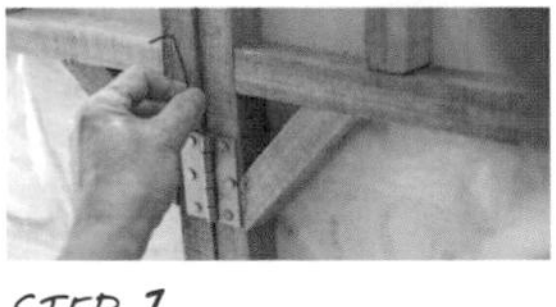

STEP 1
進行各框架的組合，並微調高低落差。

STEP 3
完成立體佈景初稿。

定框架與上色

STEP 1
框架是支撐佈景的骨架，需計算好力學並強化支撐點，之後才進行綁布作業。

STEP 2
配色調色。

STEP 5
配合布袋戲偶演出，測試道具效果。

立體佈景完成

背景布幕繪製與最後整體舞台的完成。

STEP 2
準備道具零件，並組合成型。

STEP 3
製作道具並上色。

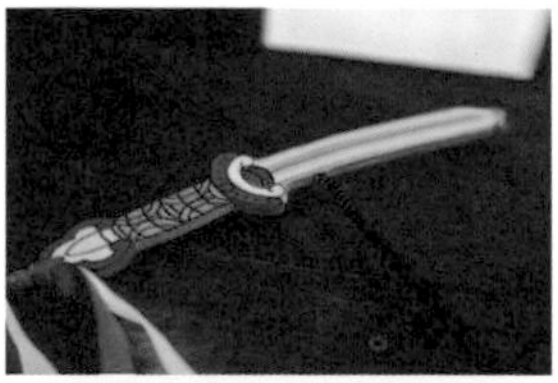

STEP 4
道具上色，測試效果。

STEP 2
各式螢光裝飾道具的安放。

STEP 3
活動布幕與機關的安裝與測試。

活動道具製作

STEP 1
各式螢光顏料準備。

不用四處跑，來找明山就對了。陳明山笑說，唱布袋戲主題歌曲的西卿也有來，身上的香水「香共共」，陳明山的妹妹走在西卿後面，一邊聞著一邊說好香好香。黃俊雄的第一齣野台布袋戲佈景，就是陳明山畫的。當時很多布袋戲團的阿公或父親都帶兒孫來與陳明山結識，包括崙背廖來興的隆興閣掌中劇團也與他合作過，最早合作對象是廖來興的父親。陳明山說戲班流傳一句名言：要做戲，第一，佈景；第二，音響；第三，戲偶。

陳明山在三重埔開業到二十六歲，後來師傅因個人因素要離開本行，遂請他回大林交接，一直執業到現在。原本工作室應該在大林的，但大林工作室的路要拓寬，陳明山三十歲那年，才遷移至溪口現址。長陳明山十七歲的師傅於四年前仙逝，師傅約六十一歲時，已完全放下佈景彩繪的畫筆。

陳明山現在體力也大不如前了，以前花一個星期可以完成的佈景工作，現在都必須花二個月時間才能完成。至今戶外野台的佈景彩繪已不再接單，目前，陳明山致力於文化傳承的工作，針對文創園區、文化局、學校等，不但到高中職、國中小學演講，將來更會成立工作坊。

陳明山的彩繪佈景以透視概念作畫，他的作品是台灣之光，無論在美國、韓國或日本，都曾展出過。三年前，他受邀去韓國，一切由韓方招待，國內也有藝術家與陳明山合作展出。陳明山最大的心願是自由地創作，他說彩繪是靜態，多數人可能比較不感興趣，他想要編劇，賦予佈景動態並可演出，希望讓布袋戲的原味呈現在自己的舞台上，當然他的舞台將有一番創新，佈景可以呈現3D立體而非平面，還可不斷變換。當然佈景彩繪是主要，劇是次要。

陳明山的佈景畫雖列為嘉義縣政府文化資產，但其令人動容的前半生，及至後來坐看雲起時的心境，如果沒有吃苦過與保有豁達的心胸，如何能堅持至今依然保持創作佈景彩繪的熱情呢！

尋師 INFO

明山台灣民俗佈景社
地址／嘉義縣溪口鄉疊溪村下員林96號
電話／(05) 2654218
0935062191
營業時間／請事前電洽

動手做起佈景，陳明山仍老當益壯

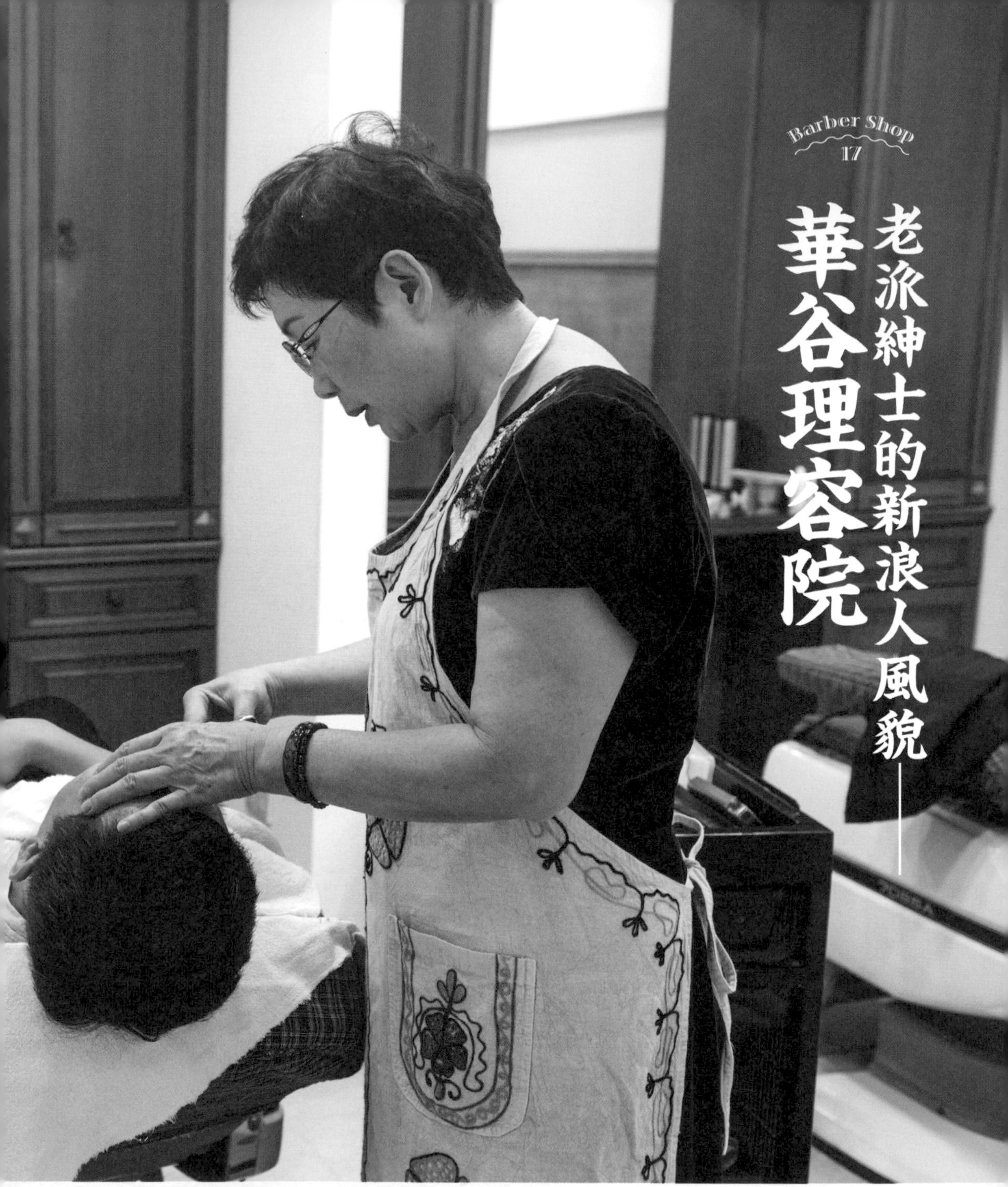

老派紳士的新浪人風貌——華谷理容院

華谷理容院，經典老派服務，四十年如一日

老式掏耳棒的現身

第一次認識華谷理容院，是在大學時期打工的那間書店。當時走來年輕的小姐，帶著好幾隻盒裝起來的「掏耳用具」送給書店夥伴們，我想，這是怎麼一回事？小心翼翼的從盒子裡翻開，只見一隻「棍子上長著花白的頭髮」，那是記憶中第一次見到老式掏耳棒，並且從未使用過。

老式掏耳棒最大的優點是：壽命長，一支銅板價的掏耳棒，可以修剪成符合自己耳朵的大小，長期使用造成的泛黃，也可經過洗、剪、吹，恢復掏耳棒原有的面貌。如此重複使用，卻也是老式掏耳棒為人詬病的要點，不衛生是人們現今對老式掏耳棒的看法，已經愈來愈少人見過，甚至持續使用蒲公英狀的掏耳棒，對掏耳棒的記憶，也停留在老一輩身上。

對我說著掏耳棒故事的小姐，是華谷理容院的第二代——曾敬淳。爸媽是華谷理容院的創始人，整座華谷理容院在當時是台南首創唯一結合：台式按摩及男士理容的功能。現今座落於台南安平區，三層樓的華谷理容院，完全是由父母親為「理容院」場域量身訂製，在八〇年代曾紅極一時。一九七六年創立至今，已過四十餘年，隨著時代變遷，在台灣也漸漸看不到大型理容院的存在，留下來的是街邊小規模的家庭理髮，或是隨處可見的新式沙龍。

新式沙龍對上老派理容

新式沙龍的誕生，是傳統理容院衝擊的第一波，因現代沙龍如雨後春筍般出現，上傳統理容院打理外貌的男

①|③
②|

1. 傳統老式的掏耳棒，在現代的理髮廳已非常少見，可依耳朵大小修剪而成
2. 華谷理容院是台南市區極少數的老式理容院
3. 創立於一九七六年的華谷理容院

① ②
③

1. 曾媽媽改良後的理容椅，成為店內極具特點的服務設備
2. 老式的理容院融合第二代的活潑個性，在布置上也有別於以往的設計
3. 理容院部分空間也成為另類的展示空間

性，漸漸不再花費太多時間進行整套服務，而改去美髮沙龍，較為新潮也相對快速。第二波的衝擊，便是在這十年間出現的「快速百元理髮」。大量的百元理髮店服務，是使傳統理容院大量流失客人的主要因素，時代的快速運轉，人們也追逐速度、便宜的消費，抽取號碼牌、不須曠日費時的機械化剪髮，成為現代男性整理外觀的主要途徑，而上理容院客人的年齡，皆已年過半百，四十年來的兩次衝擊，是華谷理容院轉型的開端。

二〇一〇年，華谷理容院開始出現虧損，曾敬淳的媽媽黃碧霞，是第一個想將理容院打造成休息空間的人。點子來自於台南觀光產業的興起，大量老屋改造民宿蔚為風潮，而華谷理容院正巧有大量空房間，可提供旅人一處歇歇腳的地方。媽媽的想法在二〇一五年開始著手進行，而曾敬淳回家幫忙時，有時在理容椅上休息片刻，發現理容椅意外的好睡，她問起媽媽理容椅加了什麼東西，才知道媽媽特別在椅子中加進了「海綿」，改善了理容椅椅背的堅硬及不舒服，使椅墊和椅背都有滿滿的海綿，亦可作按摩床使用。

華谷理容院一共有二十五張由曾媽媽改良後的理容椅，曾敬淳想將理容椅當作特色，結合休憩，這樣的想法是媽媽和她在轉型中最劇烈的爭執點。

創意與傳統的爭執與妥協，最後創意取得首要勝利，由老式理容椅打造的空間，深受台南旅人的喜愛，配上重新裝置的燈源，一改店內昏暗的氣氛性光源，讓房間內及公共空間都有了自然採光，再搭配爸爸親手栽種的植物，以健康養生為號召，當時分別以春、夏、秋、冬四季代表的農作物：花生、荷花、花椰菜和番茄為主題，創作出獨一無二的「蔬菜房間」，布置當令節氣作物，以季節產物作為餐飲宴客，營運的第一年，創下許多不錯的口碑。

第二代創意轉型大反攻

二〇一五年同時，也是影響華谷理容院走向今日風貌的重大年度。正值曾敬淳工作的空窗期，在選擇工作時，無法抛下家中理容院事業，聽取老闆和老師的話，毅然決然放下自己的事業，回家幫父母的忙。剛好二姐也從上海回台，原在太陽能產業工作的二姐，受上海街邊理容攤販的影響，想學習一技之長，到世界各地旅遊兼修容，為此放下了原本的工作，於二〇一四年回台，到沙龍學習剪髮技術，當學徒的一年也漸趨上手，二〇一五年回到華谷，繼續跟在媽媽和師傅旁，邊幫忙家裡，也學習手藝，現在的二姐也能獨當一面，為客人服務。

儀容禮儀的演變，是曾敬淳見證理容院時代的方式之一。回到台南後的她，為了幫忙家中轉型，各處調查訪問了台南老一代的人和理容產業，聊起男性上理容院的新舊型態差異，她提到已耄耋之年的阿公，說早期台灣的娛樂生活缺少，男性做臉在當時是某種娛樂型態，上理容院就像現今上SPA館一樣，是可以消磨時間的一件事，透過理容院一條龍服務，陶醉在理容的半日行程裡。

曾敬淳的二姊也返家投入理容事業

曾敬淳返鄉加入家族事業，希望將產業與創新結合在經營上。圖為曾敬淳正為城市洗頭遊街活動推車準

一手絕活

老派理容
一條龍男士服務

換裝

STEP 1

客人進門後，有服務人員接待，可先客人脫下的西裝外套，放置櫥櫃內。

擦鞋

STEP 2

換上拖鞋，若有需要則將皮鞋交給擦鞋師傅。

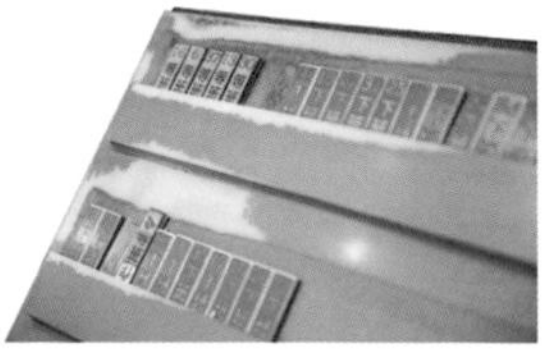

行前放鬆

STEP 3

遮上熱毛巾、飲料，讓客人放鬆，準備修剪、理容。

洗剪頭修腳

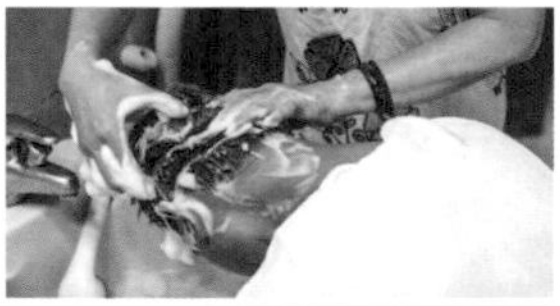

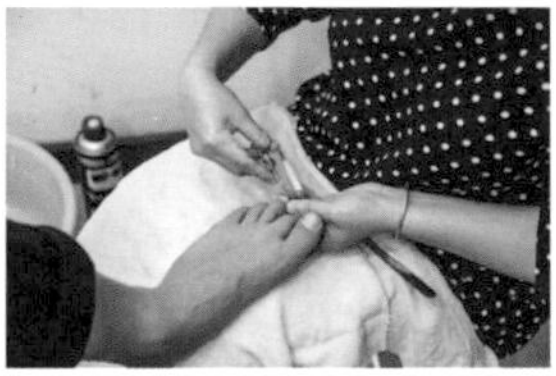

STEP 4

傳統「四隻手」，頭上一雙、腳上一雙，上下一齊來。

按摩

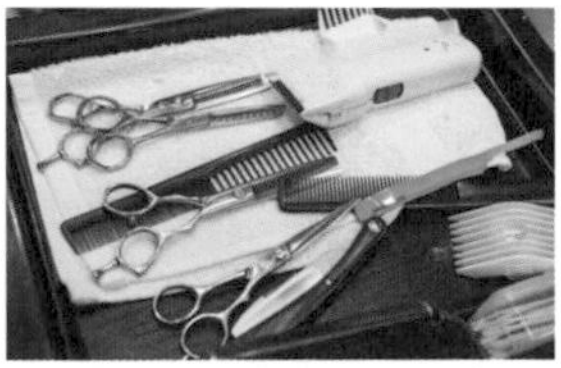

STEP 5

享受台式揉法舒展筋骨。

剪鬢、刮鬍

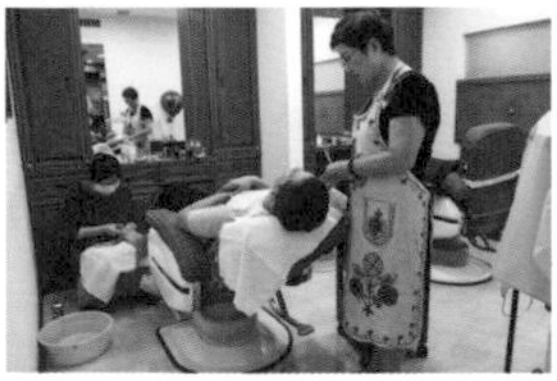

STEP 6

處理臉上男性多餘毛髮。

事後放鬆

STEP 7

泡手腳，放鬆緊繃的心情。

愉快返家

換上師傅剛擦亮的皮鞋，套上西裝，紳士風度的展現。

見證台灣男士理容變遷史

就台灣早期男士和現代男性的髮型變化，可發現以前的男性頭髮變化較多，受日治時代影響的三本頭、台灣本土平頭，還有歐風「okubaru 腫起來」等多樣變化，在當時也深受尚美風氣影響，貓王髮型般的電棒燙，也是當時男性爭相模仿的對象。對比於現代男性的簡單髮型，早期的「紳士樣貌」可是風格變化多端，沒事時在頭頂上花點心思，是娛樂、也是消遣、更是享受。

台灣擁有獨樹一格的理容院文化，曾敬淳說到台灣的理容院是「混血產物」，全世界屬台灣最特別。理容文化開端來自早期中國大陸福州移民，首創結合按摩、修容、剪髮齊聚功能，更包括「洗眼睛」、「治喉嚨」的額外服務。洗眼睛是當時治療針眼的方式，理容師傳有自己的特效藥，取玻璃棒沾藥，將眼皮上的突起物刮除，達到治療針眼的效果。而治喉嚨痛，在理容院也有其傳

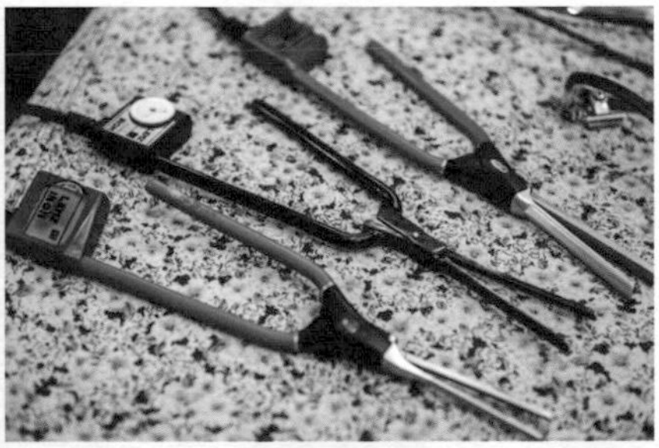

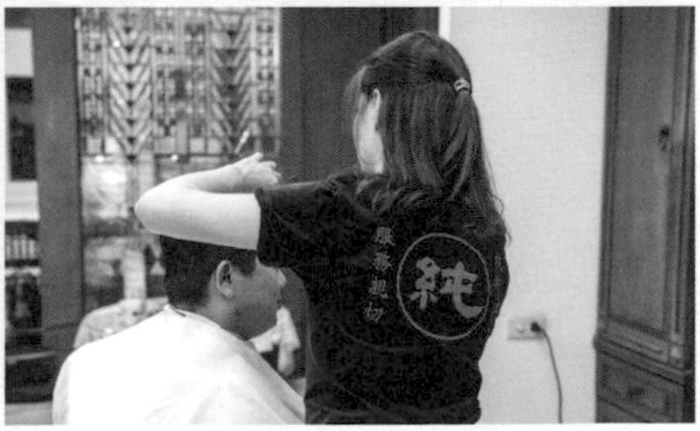

① ② ③

1. 老派裝潢風格，成為華谷的風格特色之一
2. 電燙棒見證一個理容業的黃金時代
3. 「純的」與「黑的」服務，過去曾讓理容業蒙上一層陰影，如今也成為創意的來源

統方式。當時只在街邊擺放五斗櫃、投錢箱等攤子，日治時代，有了來自日本西化的技術，注重衛生習慣的日本人，將街邊巷尾的理容服務帶進「店面形式」，開始有了衛生規範、注重用具消毒，再加上引進了歐美理容椅系統，台灣理容文化像是拌飯一般，混雜了各種文化形式，拌出在地的台灣口味。

民國六、七〇年代，台灣理容院走入「新」的「傳統印象」：所謂「新」，是理容院多了「做黑的」和「純的」，因理容院的肩頸按摩等形式，慢慢添上了情色色彩。為了區別情色有無，強調自己「純理容」的服務，在自家店面貼上「純」字樣，是現代對理容文化的所謂「傳統印象」。華谷理容院也是情色文化下的委屈者，曾敬淳說，小時候因受流言蜚語影響，不太敢說出父母的職業，尤其因為自家理容院格外的富麗堂皇，配有台南首創全身指壓的服務，店面比一般理容院大得多，華麗是某種情色行業的刻板印象，導致流言遍布，即使做了澄清，將店面改裝成全透明玻璃，還是遭同學說取笑：「哪有！我爸爸說你們家是做黑的。」大學以前的她，從未對外多說家裡父母的職業，都因為「理容院」三字走向污名化，「做黑的」印象莫名深植人心所致。

尋店 INFO

華谷理容院
地址／台南市安平區怡平路410巷37號
電話／(06) 2988178
營業時間／中午十二點～晚上十二點

找回城市與理容記憶的連結，讓老派華谷理容院有了新生命

不管時代如何轉變，華谷理容院的服務仍是以客為尊

Wood Carving Craft
18

府城永川工藝社

神的孩子在神農街上——

神明特別指示王永川，繼續做大轎

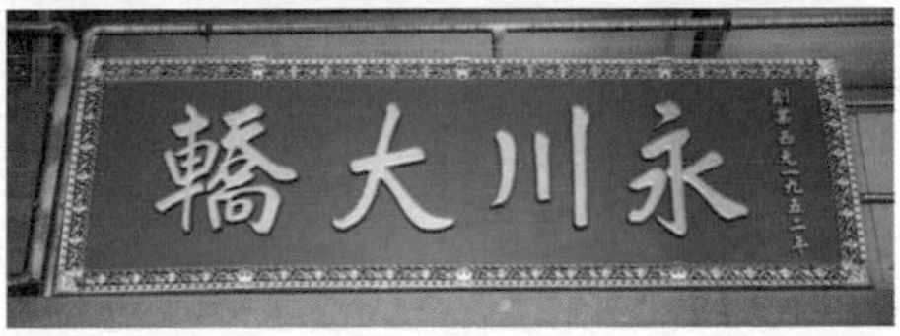

1. 做大轎無師自通，王永川可說是註定與木藝結緣的人
2.「永川大轎」是府城響亮的招牌之一

年紀小習木藝

幾年前，到台南市神農街訪談「永川大轎」仍壯年的王永川師傅，轉瞬間，這次再訪，老師傅已經高壽八十七歲，「神明要我繼續做。」儘管王永川身體狀況已大不如前，但是硬朗的他仍瞇笑著說。

小學畢業、二戰後，王永川就開始習木藝，當年他的父親在西門圓環對街，一條直抵關帝廟、昔稱「關帝港」(昔日五條港之一渡口)的長約三、四十公尺老街上(今台南是西門路二段300巷)，跟著姑丈學習做頂下桌的木工，這一條街幾乎全是做「木」的集中地，除了市區外還有更多來自各地的客人。但因戰爭剛結束，台灣社會百業亂無章法，父親的木工工作也就停擺了。後來，王永川接下棒子，承續父親的本業直到現在。

從製作頂下桌的紮實功夫，到後來接觸其他不同形式的木工案子，其轉折點在於，由於日治時代日本殖民對於宗教限制多，所以製作神轎的不多，而戰後宗教信

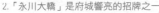

仰解放，來自各縣市的神轎需求量大漲，工作量自然跟著大增。王永川退伍後，透過同業介紹，一開始在西門路立仁國小對面一間雕刻店當學徒，製作頂下桌。王永川學習得很快，他觀察老師傅的做法，潛移默化自然就學成，完全沒有拜師。後來又輾轉到民族路一間小廟裡，跟隨李本忠師傅雕刻店製作頂下桌。經過一段時間後，他離開創業，來到神農街租下陳家祖厝五十年，直到五十年滿期才買下現址的永川大轎廠房。

開創人生事業

二十幾歲的王永川，在陳家祖厝展開他的人生事業，製作頂下桌的木工。一開始，自己一個人默默地做，由於曾在外面工作過，與他共事過的同業都熟悉了解他的「手路」，所以介紹客人給他，慢慢地客人開始找上門請他製作。在陳家祖厝一直待到一九九三年，海安路開始挖掘地下街而封路後，王永川遂把廠址搬遷到民族

形制較為特殊的木工類型也難不倒王永川

一手絕活

木藝師傅 大顯身手

師傅使用木工鑿刀製作架子頂的金剛球，前者為鑿出球下台作的形體，後者微修邊。

雕刻師在刻上細節之前，會用鉛筆稍微畫出預定的線，使下刀時更好拿捏。

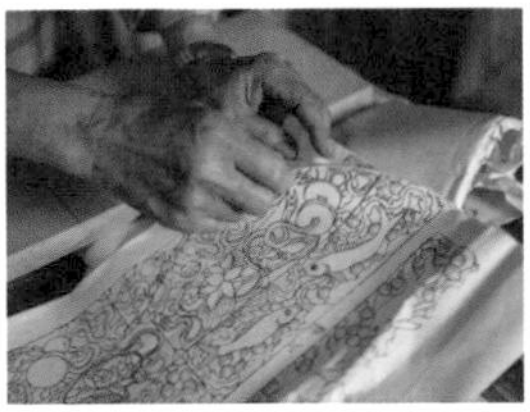

師傅挑選所需要的雕刻版型。

雕刻師傅使用銳利的雕刻刀，一刀一刀鑿出深淺，使欲雕刻之物體成形。

師傅使用木工刀在吞頭爪部劃出刻紋，此組件為几桌四腳。

製作令牌架的組件。

利用榫接連結支架及底座的令牌架組件。

利用榫接連結支架及底座的令牌架組件。

師傅根據要雕刻的組件，劃出所需範圍及邊框線，以利之後貼上版型。

武轎的桌裙，龍頭部分為了使其立體，是由其他木頭雕刻後黏貼銜接。

師傅進行雕刻組件的修邊。

路上，在民族路一待就是十二年，十二年後再遷徙至今日神農街的一百三十號。

木匠首要當然須有原料，頂下桌使用的木材是檜木，當時台灣木材多而便宜。製作一張頂桌的時間約半個月，下桌製作時間約一個星期，頂下桌的尺寸、雕花都是固定的。初稿都是手繪，如果要畫多張，得用複寫紙複製，不像現在便利。民國四、五十年，製作一組頂下桌售價大概幾百元。

台南市保安宮裡供奉王爺的頂下桌就是王永川的作品，這件頂下桌是一般師傅比較難克服的類型，通常我們所見的頂下桌是四四方方，但這組的形制較為特殊，不同在於往往出現斜角、八角等不同角度，技術上是屬高難度的，也讓王永川花費好幾個月時間才完成。

無師自通做大轎

神轎區分手轎、文轎、武轎等型，王永川開始接觸製作神轎，是

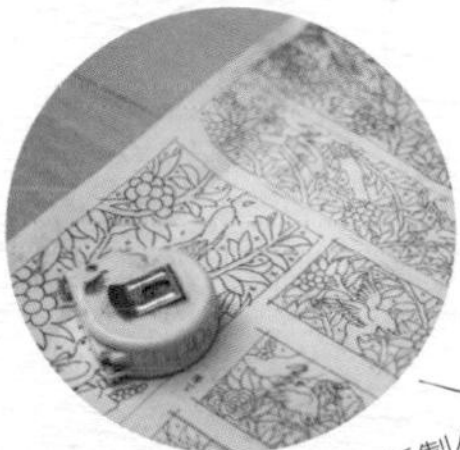
製圖設計是神轎製作前的預想藍圖

社內承接的各式木藝作品展示

神轎的身價不可同日而語

因為關帝港的同業接了訂單卻交不出來，才來委託他製作。在台南市區稱為文轎的，在郊區則稱八輦（古代皇帝的坐車，亦指貴族富豪的車子），武轎名稱就沒有差別了。還沒接觸製作神轎前，王永川說，必須靠自己的頭腦發想，他先到寺廟觀摩前人作品，回家後再重複學習製圖做轎，三十幾歲時，自己就可以開始製作了。當年在神農街四十九號的陳家祖厝一個人默默地做，那時候沒牽師仔（沒有學徒）。製作神轎初步就要有畫稿，比如媽祖的文轎，就把媽祖的神話故事書找出來參考，將神話人物刻畫在神轎上，還有玄天上帝公、廣澤尊王（俗稱翹腳仔）等神明轎子。又例如上帝公的武轎，就找到北極上帝幼年餵羊吃草的故事，作為神轎圖案的範本。文、武轎的尺寸固定，一頂武轎的完成製作時間約二個月，雕刻有另外的師傅做；文轎製作約四個月時間，形制雖較小於武轎，但因為全部是雕花，所以比較耗時和工。民國四、五十年，文、武轎的收費約幾千塊錢，現在文轎約七十幾萬，武轎約三十幾萬。文、武轎原本用人力抬，如今廟會普遍看見推著走的神轎，輪子都是廟方自行安裝的。

目前製作的木料，大部分來自高雄甲仙的山區，還有來自越南的木材。現在承接的業務，王永川說，他們「做木」的，能做的範圍內就會承包著做了。因此，以比例而言，假設目前台南市有一百間寺廟內的木作，如轎、椅子等，約近九十五間寺廟是王永川的木工手藝。

王爺顯靈帶客尋人

王永川的工作室還位於民族路巷內時，當時有一位從北部來的婦人想找王永川，卻找不到位置，只好到藥王廟詢問廟公說有位做大轎的人住哪裡，廟公於是指引婦人方向。等婦人找到王永川見面後，她告訴王永川說：「師傅，師傅，你的肩膀怎麼有一仙黑面的跟著你？」她說可能王爺跟著她來，而王爺站在王永川肩上，婦人來找王永川，是要製作一頂文轎。後來平面媒體報導說，王爺會帶客人來這裡。王永川說到處都有人來找他做神轎，像基隆就有人要製作一台龍王車，還有澎湖，甚至住日本的台人等。目前，王永川的徒弟們已經開枝散葉，在台南市也都有徒弟開的店。現在廠中的年輕學徒都是自己前來拜師，有的則是本身在校就是

王永川有家人繼承永川大轎的木藝與招牌

想退休神明卻不給退，王永川至今仍會動手做

修習木工的，畢業後逕自來此精學。但相較下，王永川說，畢竟時代不同了，跟他三十年前開始收學徒的境遇差異太大了，那時陣大概牽（收）了十個師仔（徒弟），早期徒弟好收，通常是在鄉下國小畢業後，想要來城市學功夫。學徒起初都做囝仔工，從基層開始做起。灑掃、生火炊煮等，按部就班來。至於木材的材質紋路，看久了就學會認識是什麼木材了。王永川建議說，倘若孩子不想升學，且對「做木」有興趣者，就來永川大轎學師仔。他笑說，曾經放了塊招生招牌在門口，放了好幾年招不到一個學徒。

尋店 INFO

府城永川工藝社

地址／台南市中西區神農街的130號

電話／0929459018

(06) 2224996

(06) 2251930

營業時間／請事前聯絡

永川大轎

Coffin Shop 19

三人成行——三合成棺木行

面對死生的老行業

宜蘭市城隍廟旁，有一間歷三代的老店。從前來宜蘭市路過這條城隍街時，先經過城隍廟，接著就是這間店。民間對於這項手工業總是多所忌諱，但，倘若以平常心看待，它也是百業中的一行，甚至更貼近我們的人生。這一行就是製作棺木，而製作棺木的店，名叫「三合成」。

三合成的老闆是現年六十三歲的張阿

往生者的依歸，是製棺者的唯一心意

攝影／林中行

棟先生，偕同五十九歲的弟弟張永昌合力經營。他說，從前單這條城隍街就有七、八間棺木店，大約三、四年前，這個行業快速凋零，許多家棺木店陸續關門，因為找不到師傅接手，碩果僅存目前的三合成一家。三合成草創期，一開始是阿公張呆（台語讀歹）經營，當年阿公家沒有男丁傳承，遂用民間「抽豬母稅」方式，讓張阿棟回來繼承。國中沒有畢業，張阿棟就接手阿公的事業直到現在，當時繼承的初衷，全然是因為認為擁有一技之長，吃穿自然有著落。

三合成店面就在城隍廟對街

城隍街上僅存的棺木店三合成

三合成起大厝

棺木店一開始的經營，有張呆和叔公祖李宗慶，以及一位簡姓友人等三人共同持有股份，這也是「三合成」店名的由來。至於經營棺木店的淵源，是因為原來在山上伐木維生的張呆，某日遇到有人往生，對方便建議他，幫忙做個簡單的「大厝」，好讓往生者入土為安，張呆也因此展開棺木事業。

一般棺木有「棺材」、「大厝」和「板仔」的稱呼。張阿棟接手製作棺木最著名的案子，就是台塑董事長王永慶的「大厝」。大厝的檜木材料是王家自己所有，當時從羅東後送至簡易的寮仔，包含弟弟和店內師傅總共三人前往。一開始並不知道是幫誰起大厝，只看見台塑公司有派一些人到現場。眼看弟弟和師傅無法搞定尺寸，站在後面的張阿棟知道這根上乘檜木無人敢動，一刀下去，如果錯了全盤皆錯，無法挽救。後來，張阿棟依憑經驗，在他的指導下，共分成幾個部分裁

抽豬母稅

昔日台灣的農家把母豬送予他人飼養，直到母豬生小豬時可取回部分的小豬，當作自己的報酬。抽豬母稅通常多見於用在婚姻形式禮，招贅婚是最常見的。一般在男女婚前就協議，婚後出生的長子或次子繼承女方的姓氏，好為女方娘家傳遞香火。

棺木俗稱「大厝」，是往生者得以安頓的所在

一副高雅細緻的大厝，造價往往不菲

一手絕活

棺木製作

初胚棺木

STEP 1

全木大剖，鋸出棺木大體上的形狀，包括「天」（上蓋）、「地」（底板座）、「月仔」（左右側板）、「搪頭」（前板）、「搪尾」（後板）等組合。

STEP 2

鋸掉頭尾多餘木料，削皮修邊。

STEP 3

挖鑿底內。

STEP 4

刨修形狀，讓表面平順。

STEP 5

作「搪頭」（前板）、「搪尾」（後板）以及底板座。底板挖出榫槽溝，準備接合前後板。

STEP 6

作「搪頭」（前板）、「搪尾」（後板）以及底板座。底板挖出榫槽溝，準備接合前後板。

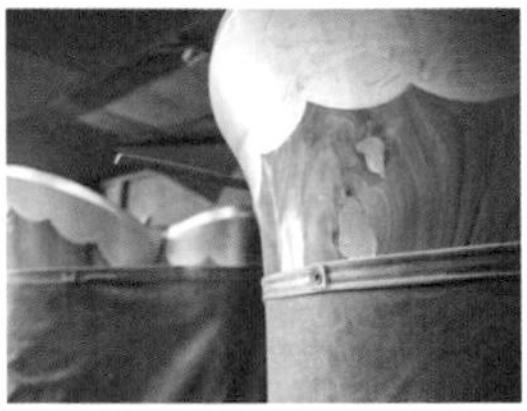

STEP 7

割含溝（主體上方凸榫）與天溝（上蓋板凹縫溝槽）。安裝底座板，完成棺木初胚。

完成

「放板仔」所用的圓木，準備將棺木運至買家。

接訂單

STEP 1

出貨前釘地（底座）。

STEP 2

打桶：先塗防水層，再塗上黑漆，並鋪上吸水的通草木削層。

STEP 3

上漆彩繪。

切，才開始動工，並將裁切好後的木塊運載回來店裡，與王家約定三日後交貨。

工序不得馬虎

現在棺木的木料幾乎全仰賴進口，自美洲、寮國、越南等地採購。至於台灣，上好的檜木還是有人收藏著，價位非常高。製作一間大厝的工具與昔日並無二致，只是使用電工具輔助頻率較常，比如斬棺木的首尾，以及刨平，以前都是使用斧頭，逐一將棺木的塊數斬裁好後，陸續再以手工刨平，復使用大鋸子拉鋸棺木前後溝槽，處理完畢後再榫接上翹頭，昔日會在翹頭上糊上紅紙，但不上油漆。後來因為紅紙遇水容易破爛，所以才改以上紅色油漆。而棺木的翹頭做得比例較大，是為了要看起來比較「大板」（闊氣）。棺廓共分有天（上面蓋子）、地（底座）、月仔（兩側）、摭（遮）頭、摭尾等部分，以前的天前面的翹頭是用卡榫技術，但現在則會加上釘子。

一鑿一刨，均需仔細，不得馬虎，如果尺寸有錯，整組木材就可能報銷

一道道工序，才成完整製好棺木

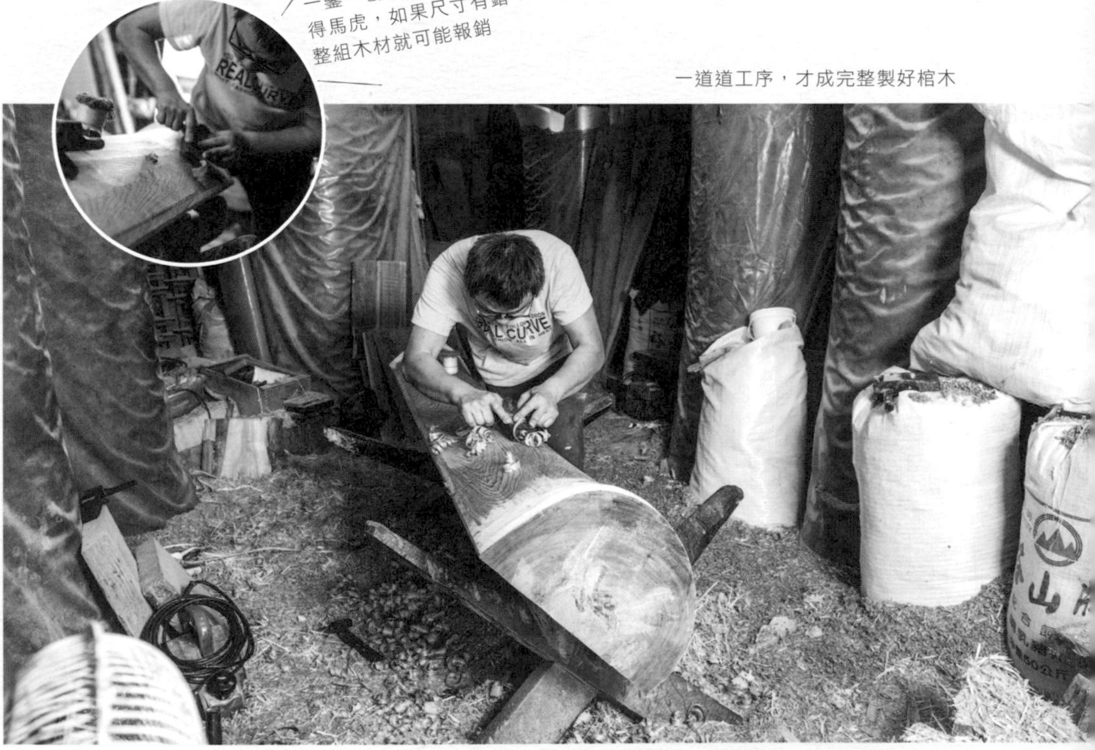

棺木的翹頭做得比較大，完全是視覺上的考量，因為看起來比較闊氣大方
攝影／林中行

張阿棟表示，棺木店也有旺淡季之分，往生的季節多在冬至時候，從前人們避諱，大多託詞說，是吃湯圓噎到造成，時至今日，氣候變化加劇，也造成更多人因天氣變化而喪生。農曆四月則算淡季。張阿棟說，現在生意沒有淡旺差別，因為天災人禍不斷，並非自己從事這行就詛咒別人，只不過人早晚會走上這條路；有人會流傳說，啊棺材攏無賣，那就拿掃帚揮一揮、敲一敲，意思是要詛咒別人，好帶來生意。但這種錢不能賺，他說，人來就是客。張阿棟眼界看得很開，他說是我們的錢就是我們的，不是我們的去求別人也無效，按照道德走才是正道。他還說有個習俗，人如果生病而還沒撒手，先買棺材，就會多活幾年。他曾有遇到一個案例，有位病重而將亡之人，棺材已賣到他家，結果沒多久，結紅綵的棺材送去又送回來。所以張阿棟深刻體會到，做生意就要照步來，不須強求。

往生者不分大人小孩，關於小孩子的

棺木早年做得簡單，僅用木箱子，年紀稍長的孩子，則必須運用較大的翹頭棺木。以前製作棺木比較費時耗力，約需一星期時間，現在因為工具的輔助而便利，如果一個人獨力製作，只要四天時間就可以完成一具棺木。

張阿棟說，棺木上油漆的用意，是因為木材怕冷也怕熱。一具棺木的價格，通常以大小和材質定價，以現在對街工廠正在製作的一具，少說也得四、五十萬元價格。買材、運材、人工、棺木內部防漏工程等都得花費，說起防漏的施工，其材料是水泥，但蓋房子用的水泥硬，這種防漏水泥有添加劑和布料，故不會變硬。另外，棺木的排水孔設在腳尾，從前宜蘭地方的習俗，會在孔洞塞木材，這個孔洞俗稱「龍喉」，北部人則稱「洩水」，其缺點是有的人欠缺撬開木材的功夫。

大厝也能走文創造街

在與張阿棟談話期間，有位客人進來

①②③
1. 大大的「壽」字，是棺木最常見的題字　攝影 / 林中行
2. 三合成牆上各式刀鋸，清楚留下走過的歲月痕跡
3. 對於棺木事業，張阿棟有透徹的了解　攝影 / 林中行

閒話家常，迨他離開後，張阿棟說這位朋友想用自己收藏的漂流木，製作一個長三十公分的聚寶盆小棺材。早年張阿棟閒暇之餘，製作了許多小棺材，後來，客人打聽到他有在製作，才來委託。

過了一會兒，原本平擺在屋內的一具西式棺木，正要運出門送去給客戶。西式的棺木是自台灣其他地方訂購進來的，先進口已經完成的一部分棺木板，台灣廠商再加工組合出售，對象是要進行火化的喪家。

從前喪殯出山，抬棺者人數約一次八個人，輪流抬棺。張阿棟比喻說是因為他們像「土雞仔」，比較有力氣，後來棺木愈做愈大，因為好出鋒頭，一次都得動用十餘人，且多為鄰居親朋的幫忙。從前棺木較少有花樣，但天（蓋子）會寫上大大的「壽」字，旁邊畫上蓮花，摭頭摭尾則寫其他的字。

經營這麼久的「大厝」生意，眼見傳統產業與文化的急遽變化，張阿棟突然感慨的說，長輩養我們長大最後得到什麼？就只一具棺材而已；前人說入土為安，現代人都選擇火化了，火化後裝入骨灰甕裡，差別只在形式改變而已，人生走到最後，結果都是一樣的。

小木棺是近年活化老街計畫中的創作之一
攝影／林中行

城隍街後來為宜蘭縣政府文化局推動「宜蘭舊城匠師博物館網絡暨文化創生計畫」活化之一街，當年，里長看見張阿棟創作了小木棺，因此興起了造街的想法。張阿棟說他創作的小木棺，完全是藉由自己的「目色」與手工，再加上自己努力研究的成果，所以這是一門絕活與技術。曾有人想向他學習功夫，但他自認還做得動，雖然知道這個產業必得傳承，但才剛起步幾年而已，他目前還沒有招收學徒的打算。

目前，三合成牆上還擺著張阿棟昔日使用的工具，有鋸子、鑿刀、刨刀等工具，空氣中隱隱約約仍瀰漫著，努力工作的歲月裡，留下的汗水味道。

尋師 INFO

三合成棺木行（宜蘭三合成新藝館）
地址／宜蘭市城隍街6號
電話／0953249511
營業時間／請電洽
上圖攝影／林中行

Fishing Flag 20

南方澳・北方澳・船仔旗——集豐海產行

船仔旗的技藝與記憶，
僅留存於老一輩漁人

①｜② 1. 漁港的變遷連帶影響製作船仔旗的技藝傳承
2.1930 年代南方澳漁港圖

通往蘇澳的南方澳

南方澳，一個在大正十年（一九二一）開建，大正十二年完成的漁港，傲踞在台灣東北角的灣澳。如果我們搭乘火車往東部，火車有時候會在蘇澳鎮停車，下車後如果再朝東方走一段路，直到陸地盡頭就會遇見它。

南方澳有一種失落的特殊文化，只有在地老漁人才知道，而此文化的流傳，來自於日治時代日本人所遺留的漁業傳統，也是一種技藝——製作大漁旗。曾旺根先生的哥哥曾金標，就是這個特殊文化的傳承者，可惜數年前他已經仙逝，然而，在南方澳只要提起「旗仔標」，幾乎無人不知曉。聊起過往，曾旺根對於日本人漁船上飄揚的大漁旗，也就是他口中所謂的「船仔旗」，記憶仍是鮮明如昨，儘管他已屆高齡八十二。

民國四十一年以前，曾旺根有另一個故鄉，叫北方澳，其地理位置位於南方澳的北端對岸。曾旺根就是在北方澳成長、生活。日本人敗戰離開後，國民政府接管，台灣百廢待舉，當時學齡參差，有時同一個年級都可能

曾旺根自家海產行前吊掛的晒魚乾

北方澳遷村記憶

民國六十四年，北方澳集體遷村建軍港。而昔日這個灣澳，區分成「大澳」、「小澳」，統稱北方澳，於清代就有人到此定居，以捕魚維生。曾旺根回憶並描述，北方澳當年有百餘戶人家，漁船約有五、六十艘，一所北濱國民小學。自北方澳出遠門到蘇澳買賣必要走山頂路，途中經過七星嶺上有個地名叫「風空仔」，這裡是地形轉換處，也是北方澳到蘇澳鎮的中繼點。從這裡往蘇澳，山巒在左手邊，反之，往北方澳的方向走，山巒即在右邊，山腳下有人居住，地名稱嶺腳，也就是岳明新村。從前曾有住在蘇澳火車站附近的菜販，擔著菜蔬從蘇澳鎮來到南方澳販售，單趟腳程需花費約一個鐘頭時間。

相差五歲以上，這也造成很晚才入學的他，當年小學課業無法順利完成，他說漁村不比城市，不可能好好學習。往後，北方澳村民陸續被國民政府遷移到南方澳。至於為什麼會有日本人的大漁旗出現在台灣的漁業傳統裡，並繼續流傳？曾旺根說，他們住北方澳時候，父親和哥哥都是漁民，家中有一條漁船，但這條漁船非獨資，是左鄰右舍公家擁有的。至於何時開始製作、販售船仔旗，時間必須推溯到曾旺根舉家由北方澳遷徙至南方澳說起。

日本人遺留的技藝

當北方澳村民遷徙到南方澳之後，曾旺根家中開始過起一半捕魚一半做生意的生活。正式開始販售船仔旗約是民國四十三的時候，哥哥曾金標時年約三十歲。為什麼要做船仔旗？這完全是日本留下來的傳統。曾旺根舉例說，通常是鄰居或兩個好朋友，如果其中一個人買了新漁船，另一個人就會買船仔旗贈送，替他慶祝。當時會做這行生意的動機，全然看中南方澳有那麼多捕魚漁船。大約在

大旗圖案都是自己發想，顏色也豐富多元，圖為集豐大旗

民國四十至六十年間，南方澳可說是「黑金」時代，在附近海域捕捉烏魚的漁船就有上百艘以上，當時船仔旗的訂單應接不暇。年紀長曾旺根十來歲的哥哥腦筋靈活，日治時代住在北方澳時，曾當過老師和警察，後來也當了南方澳里長。曾金標十幾歲時，開始跟日本人學習製作船仔旗，以及自己看書找資料。當時多是漁船未出海休息時，曾金標從北方澳，乘船到南方澳，觀摩日本人製作大漁旗，看過幾次後，他就學會了。

漁船插旗儀式

在北方澳，通常一艘新船插多少船仔旗，完全視船家人氣而定，而掛旗是新漁船下水那天才舉行的儀式。儀式一開始，先有祭祀儀典，如果有準備包子的人，就從船上丟包子，很多人都會去撿，包括曾旺根自己。從造船廠將新船沿軌道拉出，再拖至北方澳，去寺廟拜拜後，再丟一次包子，這是全村人的撿包子運動。當然，這儀式一直遷徙到南方澳後還保留著。

船仔旗的圖案通常不固定，曾旺根拿出一

金隆勝大旗

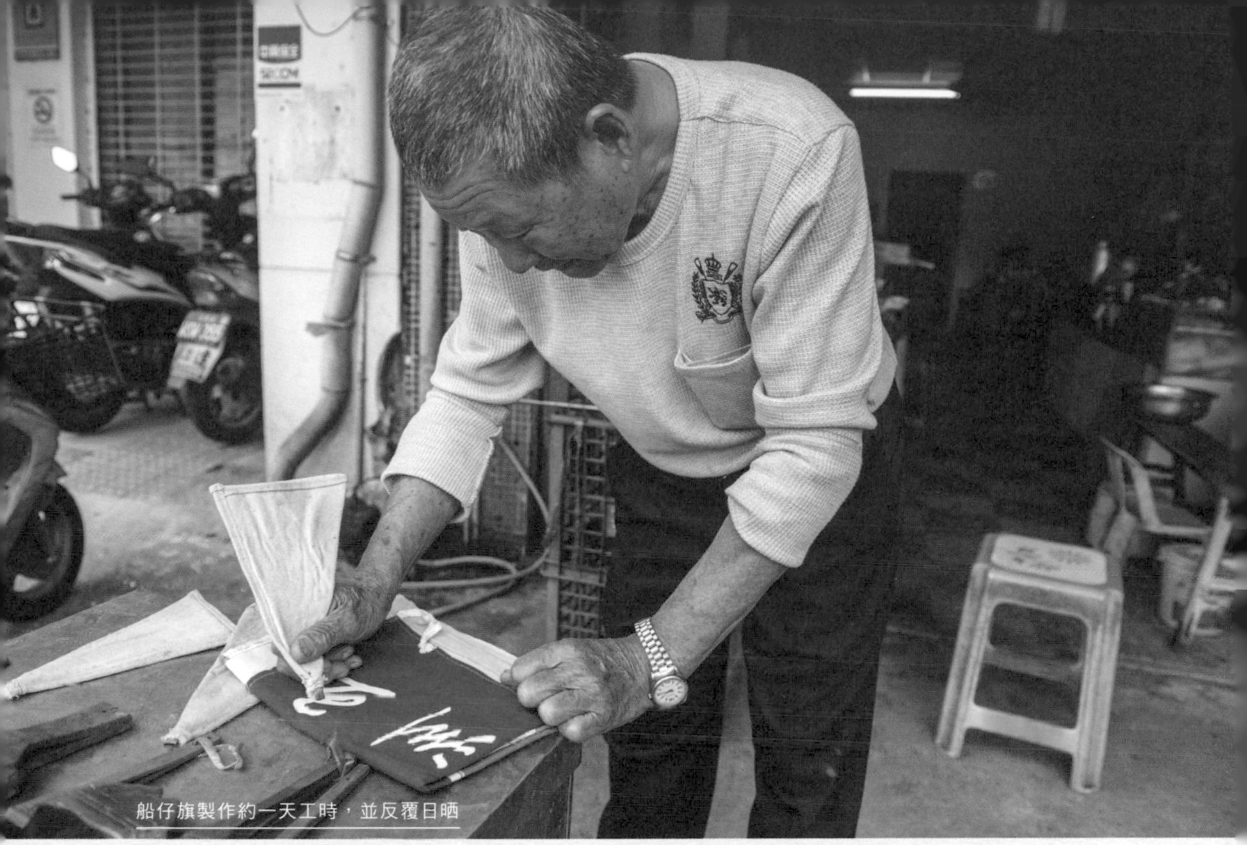

船仔旗製作約一天工時，並反覆日晒

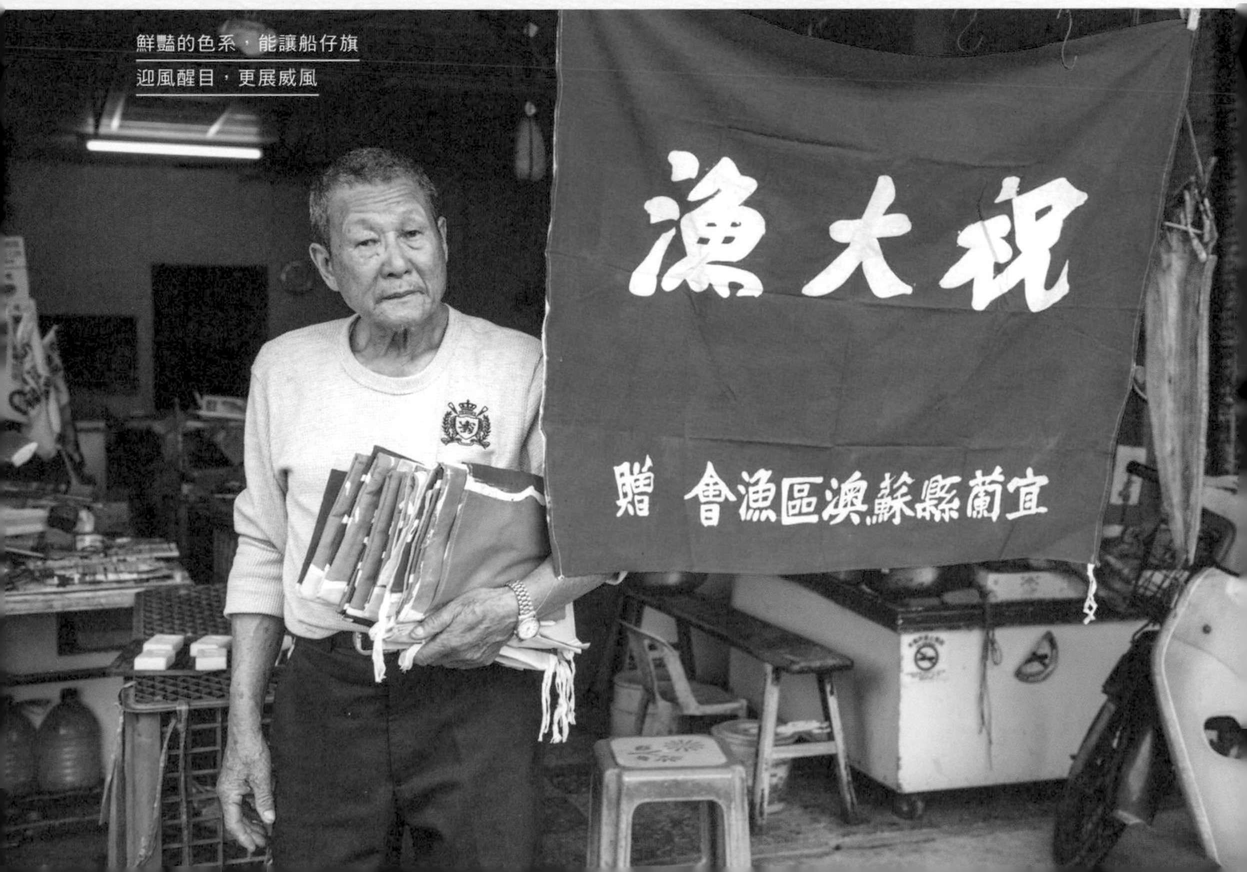

鮮豔的色系，能讓船仔旗
迎風醒目，更展威風

張紙，在上面開始素描船仔旗的草稿。小幅船仔旗是四尺乘以三尺（一匹白布可以做三十幅），大幅船仔旗是六尺乘以四尺。他舉隔壁春陽號書店為例，春陽號是以前住北方澳時，曾家鄰居的望族陳家的漁船名號，在白布上先寫上春陽二大字，大小旗幟上一個字的大小約一尺二寸，白布上方寫上「祝大漁」、「滿載榮歸」、「進水紀念」等，祝福漁船滿載而歸；假如春陽號有數艘漁船，船仔旗上會標上一號、二號等數字，然後在漁船名字下方畫上一條魚，魚下方是海浪圖案，右下角會標上餽贈者姓名。

曾旺根另取出一張白紙，他說有畫過另一種圖案。左上角畫上太陽的光芒，光芒是紅、白交錯顏色，隨後，他把紙轉個方向，太陽轉到左下角，便是旭日東昇了，餽贈人名用藍色書寫，海浪則是他所謂的翠藍色。也可以畫上一條旗魚或鯖魚，人名就寫在魚身上。這些圖案都是自己發想的，非常有意思，曾旺根說，要有變化旗幟才美麗。

製作船仔旗的原料都是去台北採買，日治時代使用的染料已多為化學顏料。例如七種紅色顏料，必須加入化學顏料才會鮮豔。其他材料還包括硫酸和鹽酸。糯米漿的使用，是為了間隔線條，避免染過界。糯米的原料來源，通常南方澳的米店在端午節糯米如果沒有賣完，就會來詢問是否需要購買。一般都會全部買下，然後天天加工成糯米漿，大概晒三天後裝入塑膠桶內好備用一年份，直到翌年的端午節再取出使用。

製旗純手作

一般要製旗，就用碗舀出瀝乾的「粿粹」，加入米糠和水攪拌均勻，直到不黏手且有耳垂般的軟度，再細分成塊，壓成扁平投入滾水中煮成糊狀，撈起用木棒攪勻。一般米糠得到新莊去採買，在還未去新莊購買以前，都在南方澳的米店買，但因品質粗細參差，必須再用米篩篩過，如果沒有篩濾，太粗的米糠恐會塞住擠壓「糊筒」的出口。

曾旺根說，一支或大或小船仔旗製作約歷一天工時，黏糯米的動作比較快。製作的程序，第一個步驟必須整面旗子灑水，用「張子」（類似報夾的工具）撐勻。當米漿透過布料後再晒太陽，夏天通常曝晒二個鐘頭，因為白布不吸熱，很難晾乾。等到晾乾後，再開始上漆料。上漆完畢，再晒一次，晒乾後再上一次防水漆，再晒。晒乾後再浸

一手絕活

製作船仔旗

STEP 1

確定布料尺寸大小，構思圖案，畫下草稿。

STEP 2

準備大大小小的毛刷，根據上色面積，挑選不同粗細的刷毛筆，並根據草稿布局，用上想要的染料顏色。

STEP 3

旗面上的文字與線條，以擠出的米糠糯米混合漿書寫，常見「祝大漁」、「滿載榮歸」等祝賀語。

STEP 4

米漿透布後須反覆日晒，並上防水漆，以防止脫落。

完成！

歷時一日工時的船仔旗大功告成。

泡，浸泡是為了讓米漿掉落。如此反覆，便告大功告成。

曾旺根說，所有漆料顏色中，以綠色最出色好看，但當時的原料一公斤高達一萬多元，根本買不起，而且也不零售，那是用在布料染製的顏料。後來想到用黃色加綠色，就變成草綠色了，但行不通，因會褪色。直到後期，小旗幟一支賣四百元，大支旗幟賣七百元。

消逝的技藝與記憶

民國五、六十年，曾旺根回憶，一天銷售曾經高達一二〇支旗幟的紀錄。當時漁船準備出海捕烏魚，通常在農曆八月開始訂製，冬至前後取得旗幟再出發去捕魚。一艘船約插上百來支船仔旗，再乘以漁船高達百來艘。曾旺根說，夏天是漁業淡季，所以船仔旗都在冬天製作。今年，曾旺根打算夏天舊業重抄，來製作旗子當紀念，因為他手邊一幅也沒有留藏。雖然有留下一些旗幟，但大多是人名與船名錯置的瑕疵品。他曾經收藏了七十幾支船仔旗，約二十年前，蘇澳鎮蓋了座運動公園，公園擺設一艘漁船，結果他出借

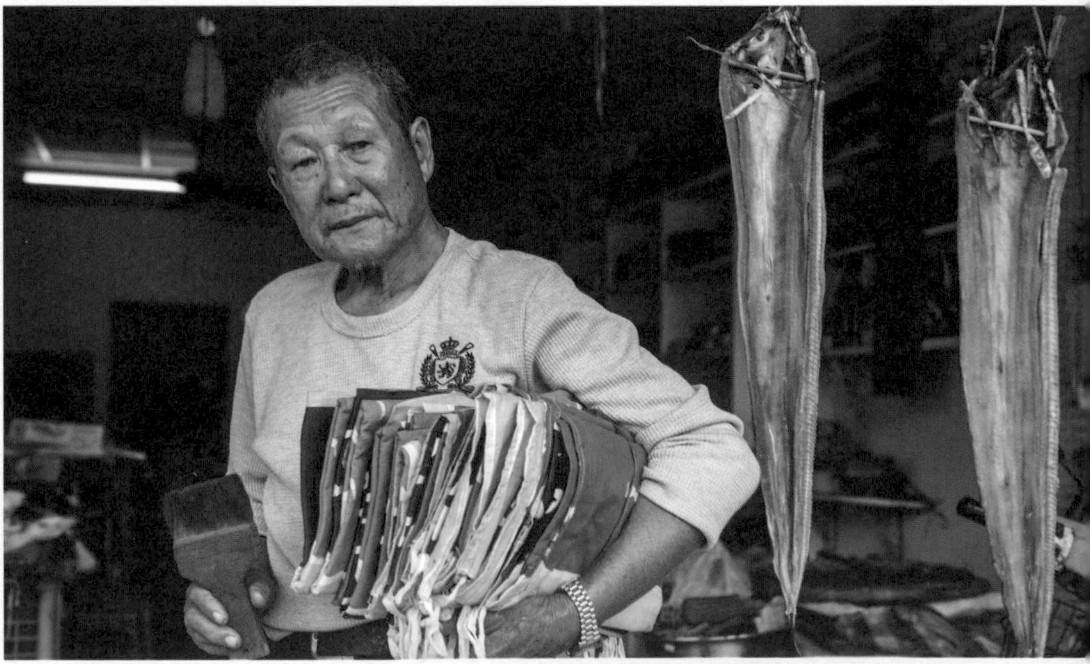

船仔旗已成為消逝的漁業傳統，讓曾旺根唏噓不已

老照片中，大漁旗迎風飄曳，表現出漁人的威風

了所有旗子，本來三天後就可以歸還，但他一時忘記取回，旗子竟不翼而飛了。

船仔旗的製作和販售，約於三十二年前就收攤了，曾旺根說，當時有兩戶漁家開始發起不再製作漁旗的行動。後來連鎖效應，船仔旗製作的傳統產業就此沒落。曾旺根回憶道，即便新船掛旗三日就得降旗，但昔日在北方澳時，船仔旗是非常實用的。他記得當年在北方澳時，只要有收藏船仔旗的人家，在農曆九月到隔年二月，家家戶戶都把旗幟製作成被單。每年冬天一來，北方澳的居民就會拿出家中的船仔旗，鋪晒在北方澳大廟後面的草埔上，像萬國旗海般色彩繽紛，真是好看。而一般人家要去媽祖廟拜拜，準備的牲禮四果，也會把船仔旗當作包袱巾提著去大廟。

日本萬祝的遺風

根據曾旺根的理解，日本人的船仔旗是為了熱鬧和有夠水（美麗），看大風扇過旗面，聽它劈劈啪啪的聲響。只可惜技藝消逝後，現在的人才開始怨嘆，這個傳統的失落。在《男的民俗學・大漁篇》〈大漁旗染工外傳〉（遠藤敬著）裡寫及：「大漁旗是吉祥物。漁夫在新船完工時一定會訂製數十面。下水時要在船桅上插滿大漁旗，祈求平安出航、豐收回航。」、「以三原色染製，表現漁夫毅力、神氣和威風的大漁旗圖案，就是參考萬祝而來。」萬祝，是漁夫的正式禮服。可見日本人對此傳統的重視。

春陽號原本是漁船船號，也成為不捕魚的後代子孫經營書店的店名

現在如果要看見手作的船仔旗，在曾旺根家附近的春陽號書店牆上，店主吳小玫還掛有一幅收藏著。春陽號是她公公的漁船，公公家族姓陳，也是自北方澳遷徙而來，曾旺根就是與他比鄰而居的老鄰居。至今，南方澳的文史工作者與吳小枚，正考古日本人的大漁旗、南方澳人的船仔旗，欲將此工藝推廣至南方澳的小學與社區，致力於南方澳的文化重建。

尋師 INFO

南方澳船仔旗
地址／宜蘭縣蘇澳鎮南方澳漁港路55之一號（集豐海產行）
電話／（03）9966339
營業時間／請事前電洽

春陽號書店店主與曾旺根老先生

春陽號書店近年致力於船仔旗的技藝再生

參考資料

《職人誌：52個頂真職人，認真打拚的故事報乎恁知》，遠流，2013，頁4

《匠人精神：一流人才育成的30條法則》，大塊文化，2015，頁11—12

《台灣傳統工藝之美》，晨星，2002，頁11—12

《柳宗悅 日本民藝之旅》，遠足文化，2013，頁22—25

《男的民俗學——大漁篇》，遠流，2008，頁5

老順香糕餅店

https://tour.ntpc.gov.tw/zh-tw/Attraction/Detail?wnd_id=61&id=109685 新莊慈祐宮

http://www.xzdza.org.tw/origin.html 新莊地藏庵

板金師傅和他的兒子們

https://myoji-yurai.net/searchResult.htm?myojiKanji=%E8%A5%BF%E5%B7%A5 名字由來 NET 網站（日文）

http://xing.glyx.cn/machine/288.shtml

旅行百科網

http://210.70.74.22/prac/v7040/%E6%96%B0%E8%B3%87%E6%96%99%E5%A4%BE/new_page_50.htm

霓虹燈微型工廠

http://www.neonsigns.hk/neon-in-visual-culture/tomorrows-neon-a-history〈脈動依然：霓虹的歷史〉，Christoph Ribbat 著

https://buzzorange.com/2016/12/30/roc-destroy-taiwan-beautiful-scene

〈台南林百貨用歷史見證「中華民國美學」——看台灣日治時期的美感，如何在70年後被破壞殆盡〉，2016・12・30

永安製鼓工藝社

http://dict.th.gov.tw/term/view/1954

臺灣民俗文物辭典

https://www.nextmag.com.tw/realtimenews/news/15630593

森興燈籠店

http://dict.th.gov.tw/term/view/1338

臺灣民俗文物辭典

金元和蔘藥行

http://www.lukang.gov.tw/form/Details.

aspx?Parser=2,8,113,49,,,581
彰化縣鹿港鎮公所

黃清松米奶粉

http://twblg.dict.edu.tw/holodict_new/index.html
教育部臺灣閩南語常用詞辭典
http://taichung-life.com.tw/index.php?CID=4353&REQUEST_ID=cGFnZT1jb2x1bW5fbGl2ZQ==&sub_class=%B7j%AC%FC%AD%B9 科技人文雜誌網站

拾骨師李國雄

http://dict.th.gov.tw/term/view/1068
臺灣民俗文物辭典
http://www.zwbk.org/zh-tw/Lemma_Show/125962.aspx
中文百科在線

道林軒

http://nrch.culture.tw/twpedia.aspx?id=2594
文化部臺灣大百科全書
http://nanying.pixnet.net/blog/post/31111793
《臺南學》電子報第 155 期（學術文摘）南瀛佛雕匠師誌
http://dict.th.gov.tw/term/view/2050?search=%E5%AE%B6%E5%B0%87

臺灣民俗文物辭典
https://news.pts.org.tw/article/310664
公共電視，〈台南元和宮白龍庵 全台家將團發源地〉，2015．11．17

明山臺灣民俗佈景彩繪工作室

http://news.ltn.com.tw/news/local/paper/803275
《自由時報》，（北部）〈畫家連群雄 炭精畫作細膩傳神〉
https://kknews.cc/zh-tw/culture/k3lq28b.html
《每日頭條》，〈中訪在線：炭精畫這麼奇妙，你練嗎？〉

三合成棺木行

https://women.nmth.gov.tw/information_47_39674.html
http://www.e-land.gov.tw/News_Content.aspx?n=770C4B84956BD13B&s=FDE9EFE2400C9322
http://www.chinatimes.com/realtimenews/20140705001609-260402

集豐海產行

http://gis.rchss.sinica.edu.tw/mapdap/?p=2725&lang=zh-tw
〈南方澳漁港的百年變遷〉，《南風澳地方誌》復刊號，2017年元月出刊，頁5
《北方澳——溯源．傳奇．故事》，賴榮興著，蘭陽博物館出版

理容院
音像展首部曲
理容院
音像展首部曲

正莊麻

國家圖書館出版品預行編目資料

圖解台灣老行業與職人魂 / 莊文松, 林珊著. -- 初版
. -- 臺中市 : 晨星, 2019.04
面 ;　公分. -- (圖解台灣 ; 23)
ISBN 978-986-443-861-7(平裝)

1.行業 2.人物志 3.臺灣

733.4　　108003162

線上讀者回函，
加入馬上有好康。

圖解台灣
TAIWAN

23 圖解台灣老行業與職人魂

作者	莊文松、林珊
攝影	黃名毅
主編	徐惠雅
執行主編	胡文青
校對	莊文松、林珊、王詠萱、胡文青
美術編輯	李岱玲
封面設計	李岱玲
創辦人	陳銘民
發行所	晨星出版有限公司 台中市407工業區30路1號 TEL：04-23595820　FAX：23550581 E-mail：service@morningstar.com.tw http：//www.morningstar.com.tw 行政院新聞局局版台業字第2500號
法律顧問	陳思成律師
初版	西元2019年04月10日
初版二刷	西元2021年02月10日
總經銷	知己圖書股份有限公司 台北 台北市106辛亥路一段30號9樓 TEL：(02) 23672044 / 23672047　FAX：(02) 23635741 台中 台中市407工業30路1號 TEL：(04) 23595819　FAX：(04) 23595493 E-mail：service@morningstar.com.tw 網路書店 http://www.morningstar.com.tw
郵政劃撥	15060393（知己圖書股份有限公司）
讀者服務專線	02-23672044
印刷	上好印刷股份有限公司

定價480元
（如有缺頁或破損，請寄回更換）
ISBN：978-986-443-861-7
Published by Morning Star Publishing Inc.
Printed in Taiwan